ジャック・アタリ
Jacques Attali

金融危機後の世界

林 昌宏 訳

作品社

［日本語版序文］

日本経済は〝危機〟から脱出できるのか？

――「失われた一〇年」から「世界金融危機」へ、そして……

「世界金融危機」と過去の二つの〝危機〟

現在の経済・金融の混乱に直面して、世界の政治家やエコノミストたちは、破綻の広がりを把握し、その核心を見極め、そのうえで、この危機の処方箋、または落とし所となる対応策を探っている。

そのためには、過去の二つの〝危機〟が参考になると思われる。

一つは、規模という点から、一九二九年のニューヨーク発の世界大恐慌▼である。もう一つは、危機の進展の仕方という点から、一九九〇年代の日本のバブル経済の崩壊である。

後者の危機は、一〇年近くにわたって日本を景気後退とデフレに陥れたが、現

▼**世界大恐慌**　本書の51頁に、今回の金融危機との比較が詳述されているので、参照のこと。

在の金融危機と類似性が高いことから、とくに教訓に満ちている。

以下、これらを比較検討し相違点を析出するとともに、現在、金融危機に対して取られている対策の問題性を指摘してみたい。そして、「失われた一〇年」からやっと抜け出た日本経済が、今日の危機から脱出できるのかについて考察してみたい。

バブルから危機へ――日本のバブル経済と米国の金融バブル

二〇〇七年八月に金融危機が勃発して以来、アメリカ当局は、日本政府が一九九〇年代に犯した過ちを繰り返すことはない、と強く喧伝してきた。だがしかし、すべては同じように進展してきている。今日の金融危機は、日本の危機が一九八〇年代の投機バブルからすべてがはじまったのと、まったく同じ軌跡を描いて進行しているのである。

日本経済は、一九八〇年代の一〇年間、陶酔的熱狂に踊った。日本の貿易黒字は巨額となり、日本はこうして得た資金を西側諸国に投資したことで、莫大な収益を得た。思いがけない大金を手にした日本は、アメリカ産業の生産性向上に寄与しながら、アメリカの債務をファイナンスした。健全であった日本経済の様相は次第に変化した。それまで投機行為には慎重であった日本人は、超高利回りに魅了され、社会には徐々に小口投機家が増殖していった。銀行・金融機関・市民は、貯蓄から投資へと走り、株式相場の伸び率は市場金利を大幅に上回った。一九八六年から八九年にかけて、日経平均株価は、一万三〇〇〇円から約三万九〇〇〇円へと、三倍に跳ね上がった。

さらに、常識では考えられない地価の上昇と建築ラッシュが起こり、不動産投機がブームとなった。不動産価格が値下がりすることはないと信じ込んだ人々は、不動産投資のために多額の借金を抱え込んだ。

もちろん、「サブプライム・ローン★」や「クレジット・デフォルト・スワップ★」（CDS）といった金融メカニズムが存在しなかったことは、今日の金融危機の経緯とは異なる。日本の銀行は、融資先の資産をそれほど重視しなくなっていたため、その後、破綻の原因を作り出すことになった。

こうして、東京の皇居の不動産価格は、カルフォルニア州全体の不動産価格を上回るほどになったのである。まもなく日本は、アメリカの経済的支配に終止符を打つだろうといった論調さえ囁かれるようになった。

ところが、一九九一年、舞台のすべてが暗転する。アメリカの景気後退につづき、日本の株式市場と不動産のバブルは、その後、数カ月のうちに崩壊してしまったのである。

★**サブプライム・ローン**　巻末の「基本用語」を参照。以下、★印が付いた語句は、すべて同様。

★**クレジット・デフォルト・スワップ（CDS）**　巻末の「基本用語」を参照。

日米の危機対策の類似性

現在進展している金融危機への対応についても、既視感をおぼえざるをえない。バブル経済崩壊後の日本の一九九〇年代が、重なって見えるからである。資産価格の下落により、各世帯の家計は過剰債務に陥り、企業収益は低迷した。企業が自社株を売り急いだことで、株価の急落を招いた。銀行は、企業を破綻させる代わりに、企業が借入れ金利を支払うことができるように新たな融資を実行した。こうして不良債権が積み上がっていったのだ。不良債権の総額は、一九九一年の三〇〇〇億ドルから、一九九八年には一〇〇〇億ドルにまで膨張したと見られている。

返済不能な巨額の不良債権と不透明な政治手法により、「新生銀行」「りそな銀行」「あおぞら銀行」などの〝ゾンビ銀行〟が誕生した。こうした銀行は、本来であれば破綻したはずであったが、公的資金を受けることによって死者は蘇生したのである。

昨年（二〇〇八年）、「ＡＩＧ」、「シティ・グループ」、「連邦住宅抵当公庫」（ファニー・メイ）、「連邦住宅金融抵当金庫」（フレディ・マック）などといった破綻寸前に追い込まれた金融機関が、公的資金を貪欲なまでに吸収して蘇生したという点において、日本の破綻劇と重なるものがある。そして日本の事例からは、こうした銀行が、その後も経営困難からけっして抜け出せなかったことがわかるのである。

こうしたアメリカやイギリスの〝ゾンビ銀行〟に対しては、国有化をすべきである、または、銀行ごとに破綻処理を考えるべきだ、という議論があるが、いずれにしてもアメリカ当局は、金融機関の経営破綻に対して包括的な政策を持っていない。リーマン・ブラザーズの破綻の例からは、一五年前の日本政府と同様に、アメリカ当局は、長期的な視野に立った包括的なヴィジョンを持たずに政策を推し進めていることが見てとれる。こうした政府の姿勢により、民間の投資家は指標を失い、資金調達は滞ってしまっている。

当時の日本が採用したいくつかの政策は、良い結果が出ていないにもかかわらず、今日ではアメリカが採用している。一九九〇年代末に日銀が採用した「ゼロ金利」政策や、巨額な借金を積み上げて実行した数々の景気対策によっては、日本経済が再活性化することは決してなかったのに、である。

現在、アメリカは、まったく同じ間違いを繰り返していると言わざるをえない。例えば、空港・港・高速道路・学校の再整備による景気対策▼は、日本の一九九七年の金融危機対策の失敗▼の繰り返しになるのではないか。つまり、政府が危機を

▼**景気対策**　オバマ大統領による「景気対策法」（二〇〇九年二月一七日成立）のこと。総額七八七〇億ドルを、減税や公共事業、失業保険と生活補助の増額などに使い、二年間で三五〇万人を超す雇用を維持・創出させるとしている。

▼**日本の一九九七年の金融危機対策の失敗**　この年の一一月、三洋証券・拓殖銀行・山一証券があいついで破綻し、未曾有の金融危機が発生。橋本政権は、「これで不良債権は片づいた」として、財政構造改革法で緊縮財政路線を打ち出し、さらに危機が拡大。翌一九九八年、交代した小渕政権は、一転して史上最大の公共事業のバラマキを行なったことにより、日本経済も財政も壊滅状態となった。

食い止める目的で公共事業に取り組むことで、アメリカ全土に「誰も通らない道路」「どこにもつながらない橋」が見られるようになり、国家の債務を膨張させてしまう結果になるだけであろう。

日本経済の回復——輸出依存・円安依存・高付加価値化

二〇〇一年から日本の経済は回復したが、一九九〇年代の「失われた一〇年」の影響は、日本の社会と経済にしっかりと刻み込まれている。

日本国民は、一九八〇年代の陶酔的熱狂の夢がさめた後、ふたたび貯蓄に回帰した。不況による解雇、賃金上昇の停滞に対する強い不安により、国民の消費は大幅に減少した。

日本企業は、国内市場の不振を埋め合わせるために、円安を追い風として、こぞって輸出に精を出しはじめた。とくにアメリカと中国への輸出は、日本の輸出総額の約三五％を占めるに至っている（二〇〇八年度）。

日本企業は、海外市場で最も高い競争力を持つべく、生産体制を改変した。とくに中国で現地生産することによって、低賃金での製品の組み立てや最終消費地への発送などを可能にし、日本企業は、原材料、高級品の構成部品、半完成品の供給に特化していった。日本企業は、高付加価値の産業分野の特化へと転換したのである。

日米の危機の差異――米国が日本から学んだこと

一九九〇年代の日本と二〇〇〇年代のアメリカでは、これまで述べてきたように類似点もあるが、当然ながら決定的な違いも存在している。それは金融システムである。日本のそれは、アメリカとは対照的に、分野ごとに細分化された専門金融機関が設立され、それらが行政機関を中心として、あたかも護送船団を組むがごとく存在していた。そのために収益性が低く、また収益源は多様化できなかった。

さらには、日本の政府当局の無気力が、日本の不況を長引かせた中心的な要因の一つであった。こうした日本の金融システムのあり方を背景に発生した、行政当局と民間との癒着や暗黙の了解、銀行や企業の仲介によって長年にわたって行なわれてきた違法行為が、速やかな金融部門の正常化を不可能にしてしまった。二〇〇〇年代初頭には、日本政府は大型の経済対策を打ち出すことになったが、ようやく二〇〇一年になって、首相の座に就いた小泉純一郎の後押しもあり、日銀は疲弊しきった銀行に対して充分な流動性を供給するために紙幣を増刷したのである。

このような日本の態度とは逆に、今回、アメリカ政府は銀行救済に向けて即座に対応している。アメリカの金融機関は、八〇〇億ドル近くの引当金を拠出し、多くの資産を売却するなど、率先して行動した。ブッシュ政権は、速やかに総額七〇〇〇億ドルの「不良資産救済プログラム」（ＴＡＲＰ）をまとめ、この金融措置を引き継いだオバマ政権は、新たに財務長官となったガイトナーによって、不良資産買い取り計画「官民投資プログラム」（ＰＰＩＰ）をまとめた。これによってアメリカの銀行部門は、多くの国と異なり、完全に正常化したと言える。また、景気対策としては、減税措置と公共事業による「景気対策法案」（総額七八七〇億ドル）が米議会で承認され、さらなる財政出動も視野に入っている。

ようするにアメリカ政府は、中途半端な対策が、これから数年にわたりアメリカを不況に陥れる恐れがあるということを、日本の事例から学んだのである。

では、アメリカ経済は、このところ囁かれはじめた楽観論のように、二〇一〇年初頭には〝ガイトナー・バブル〟▼によって、少なくとも当面の危機は脱することができるのか？　それとも日本の二の舞を演じることになるのか？　今のところ見通しはつかない。

だが、いずれにせよ、日本の事例から学ぶべき教訓がもう一つある。それは、〝真の景気回復は、一日にして成らず〟ということである。

▼**ガイトナー・バブル**　アメリカ財務長官ガイトナーによる金融機関の救済計画「ＰＰＩＰ」によって、新たに発生するかもしれない金融バブル。しかし、これをもってしては、不況や金融危機からの真の脱出とはならないとの声もあがっている。詳細は、本書171・174頁参照。

日本は、危機から脱出できるか？

二〇〇八年九月に就任した麻生太郎首相は、過去の危機の経験を活かして現在の危機を克服する、と語った。しかしながら、この宣言の数カ月後には、世界第二位の経済大国の日本は、がっくりと跪《ひざまず》くことになってしまった。

製造業の生産量▼は、一二月に九・八%、二〇〇九年の一月に一〇・二%、二月に九・四%も下落した。日本が世界に誇る自動車産業では、国内生産が四一%も下落したのである。

これまで日本企業は、実質為替レート下落の恩恵を受けながら輸出を拡大することで、国内市場の冷え込みを気にすることもなく、これまでにない量産路線をつづけてきた。ところが、二〇〇九年二月には、日本の輸出は前年度比で四六%も減少し、国内消費も二〇〇八年三月比で五・六%減少した。二〇〇八年の第三・四半期には、日本経済は、同時期におけるアメリカ経済のGDP減少幅の三倍も縮小した。年間では、アメリカのGDPは三・八%の減少にとどまったのに対し、日本のGDPは一二・七%も減少したのである。

経済の下方スパイラルは、いずれ世界の他地域にも広がってゆくかもしれないが、その経済危機の社会への影響は、日本の場合、とくに大きなものとなりうる

▼**製造業の生産量**　経済産業省作成の「鉱工業生産指数」による。なお、二〇〇九年三月は一・六%、四月は五・九%、五月は五・九%（速報値）のプラスとなっており、若干の回復が見られる。

だろう。

一九九〇年代の「失われた一〇年」の時には、日本の経済は著しく成長を弱めたが、まだ日本社会にはショックを吸収する余力があり、最悪の事態に陥るほどには衰弱しなかった。しかしながら、今回の危機が悪化すれば、前回の危機とは様相が異なり、国民は甚大な影響を受けることになるだろう。

企業による解雇が増加し、ほんの六カ月前までは四・一％であった失業率は、二〇〇九年度末には五・五％を突破しそうな勢いで上昇している。年間三万人を超えている自殺者数は、二〇〇九年の初頭には、さらに一五％も増加しているのである。

金融危機後の日本

アメリカの輸入が七七％落ち込んだことで、日本企業は危機の影響をもろに受け、敗戦後以来の最悪の不況に陥っている。

しかしながら、ゴールドマン・サックス証券のチーフ・ストラテジストであるキャシー・松井▼をはじめとして、日本が今日経験している不況は、日本にとって、苦いながらも〝良い薬〟になるのではないかと見る者たちがいる。キャシー・松井によると、今回の不況は、一九九〇年代の危機の時にも、世界経済という文脈

▼**キャシー・松井**　「ウーマノミクス」（ウーマン＋エコノミクス）という新しい概念を提唱し、「女性の労働力率上昇が、日本の経済成長率を押し上げる」と主張している。

二〇〇〇年から経済産業省産業構造審議会の政府小委員会委員、金融庁の金融税制に関する研究会メンバーとして活躍。二〇〇〇年「インスティテューショナル・インベスターズ」誌のアナリスト・ランキングで日本株式投資戦略部門の一位、「日経」アナリスト・ランキングで、日本株式戦略部門の二位に選ばれた。

に順応したがらなかった日本企業に対して、変化を強いることになる可能性があるからだという。

日本政府は今回は迅速に対応し、難しい舵取りを強いられながらも、二〇〇八年一〇月には二六・九兆円規模の景気対策、さらに一二月には三七兆円の追加景気対策を打ち出した。

本書の中で詳しく述べたように▼、資本主義が一二世紀にベルギーのブルージュで誕生して以来、世界の〈中心都市〉▼は、金融危機を試練として乗り越えることで、さらなる繁栄を築き上げてきた。日本が、バブル経済の崩壊、そして今回の金融危機を試練として乗り越え、この危機から教訓を引き出し活かしてゆくことができれば、二一世紀の〈中心都市〉となることさえ不可能ではないだろう。

日本には、ニューテクノロジーの開発力、品質や時代を読む鋭敏な感覚、そして過去の危機という経験など、少なくとも危機から脱出するためのすべての道具立てが揃っている。金融危機後の世界において、日本がふたたび力強い経済成長を遂げていけるかどうかは、これらの道具をきちんと活用することができるのか、この危機という試練をどのように活かしてゆけるのかにかかっている。

▼本書の中で詳しく述べたように　第1章の2～3節を参照。

▼〈中心都市〉　資本主義の世界的な中核となる都市。本書の著者ジャック・アタリにおいては、資本主義の歴史を読み解くキイとなる概念である。本書44頁の注、45頁・47頁の図表を参照。

ジャック・アタリ

金融危機後の世界

目次

［日本語版序文］

日本経済は〝危機〟から脱出できるのか？　001

――「失われた一〇年」から「世界金融危機」へ、そして……

［序文］

金融危機後、世界はどうなるのか？　025

――安易な楽観論では「21世紀の歴史」を見通すことはできない

第1章 資本主義の歴史は、金融危機の歴史である
――いかに世界は危機を乗り越えてきたのか?

第2章 史上初の世界金融危機は、こうして勃発した

第3章　資本主義が消滅しそうになった日——ドキュメント：世界金融危機

第4章 金融危機後の世界——世界は大恐慌へ突入するのか？

第5章 なぜ金融危機は起こったのか？——市場と民主主義の蜜月の終焉

第6章 金融資本主義への処方箋——緊急プログラム

第7章　〝21世紀の歴史〟と金融危機

［凡例］
▼印の付いた語句は、下段に訳注として解説を入れた。
★印のついた語句は、巻末の「〝金融危機後の世界〟を考えるための基本用語」に、まとめて語句解説を掲載した。

［序文］

金融危機後、世界はどうなるのか？

――安易な楽観論では「21世紀の歴史」を見通すことはできない

なぜ世界は、こんな事態に至ってしまったのか？

世界は、どうしてこんな事態に至ってしまったのであろうか？

世界は順調に発展を遂げてきたのではなかったのか？

政治的な自由が世界の隅々にまで浸透し、個人のもつ潜在的な可能性が大きく開花しようとしていたところであったのに。

アジアやラテンアメリカでは、貧困が減少しはじめ、世界経済は、史上稀にみる急成長を遂げていた。人口は急増し、貯蓄は増大し、技術進歩がさらなる持続的な経済成長を促し、今後、数十年は力強い経済成長が継続すると、誰もが予想していたのではなかったか？

ところが、何の前触れもなく、われわれは世界規模の不況に突入しようとしている。この不況は、今から八〇年前の大恐慌▼に匹敵する最悪の事態であると言われている。確かに、この二つの不況を比較すると、アメリカの一部の世帯が住宅ローンを返済できなくなったこと以外は、表面的には大きな違いはないように見える。

　本書の目的は、この金融危機の経緯や実態、真相を明らかにし、大恐慌を含めたこれからの危機の進展について予測することにとどまるものではない。

　資本主義が誕生した一二世紀以来の長い歴史を振り返ることによって、今回の一連の出来事を歴史的に考察し、金融バブルとパニックの発生をわれわれの政治・経済・社会のあり方の問題として捉え、さらに未来を含めた歴史の中から、今回の金融危機の意味を見究めることこそが目的である。

　この金融危機は、まさに「21世紀の歴史▼」において、大きな分岐点となると思われる。金融危機後の世界について見通していくとともに、われわれは何をなすべきであるかについて提示したい。

世界は、大恐慌へと突入するのか？

　この史上初と言えるグローバルな金融危機は、きわめて簡単に言えば、アメリカ社会が自国の中産階級に対して、きちんとした賃金を与えられなかったために

▼八〇年前の大恐慌　一九二九年のニューヨーク証券取引所の大暴落からはじまり、一九三〇年代までつづいた世界規模の大恐慌をさす。本書の51頁を参照。

▼「21世紀の歴史」　本書の著者ジャック・アタリに、同名の著書がある。二一世紀世界の政治・経済の見通しを、八〇〇年にわたる資本主義の歴史への洞察をもとに大胆に予測したもので、世界的なベストセラーとなった（『21世紀の歴史』林昌宏訳、作品社刊）。

▼〈インサイダー〉　ジャック・アタリのキイとなる用語の一つで、金融産業・金融市場の関係者をさす。具体的には、銀行家・金融アナリスト・民間の投

発生したのである。

つまり、アメリカ社会は、自国の中産階級がマイホームを購入するにあたって、彼らを借金漬けに追い込み、そのことによって国全体の資産価値を引き上げ、生産の拡大を促した。この動きを押し進めた金融機関と〈インサイダー〉▼たちは、各国の中央銀行や政府あるいは国際機関の監視をまったく受けることなく、証券化商品（債務担保証券：CDO★）や擬似保険（クレジット・デフォルト・スワップ：CDS★）といった手法をうまく利用して、生み出された富の大部分を、ほとんどリスクなしで手に入れた。

そして、債務が増大し、許容しがたいレベルにまで膨れ上がると、パニックが発生し、信用が吹き飛び、金融関係者がすべての債務から逃げ出す事態となったのである。

では、今後、世界規模の大恐慌に突入するのであろうか？

あるいは逆に、この金融危機が、調和のとれた素晴らしい経済成長への出発点となるのであろうか？

後者の実現のためには、債務の実質的な削減が前提条件となるが、その方策としては、現在行なわれているような、債務を納税者に押し付けるといったやり方では駄目である。調和の取れた経済成長に必要なのは、世界規模で〝市場〟と

▼〈インサイダー〉 資家たちのこと。彼らは、一般市民が知りえない、金融に関する特別な専門知識・情報を独占することで、市場を動かすとともに、特別な利益を得ている。ただし、特別な情報とは、いわゆる「インサイダー取引」として処罰の対象とされる、狭い意味での「内部情報」ではなく、金融市場に関する広い意味での業界知識や新規情報といったものである。金融市場が社会の中で特別な存在となっているため、金融関係者は専門的な知識・情報を持つことで、特別な利益を得ている。本書の217頁を参照。

★債務担保証券：CDO 巻末の「基本用語」を参照。

★クレジット・デフォルト・スワップ：CDS 巻末の「基本用語」を参照。

〝民主主義〟との均衡を取り戻すことである。そこで、まずは、〝金融市場〟と〝法〟のバランス、つまり〝〈インサイダー〉〟と〝市民〟とのバランスを取り戻すことが必要である。世界規模の大恐慌に至るまでには、まだ時間はある。しかしながら、雪崩《なだれ》というものは、予知は可能だが、いったん発生すると堰《せ》き止めることは不可能になってしまうのである。

資本主義の試練としての〝金融危機〟

人類はこれまでの長い歴史で、いつの時代も、宗教的・道徳的・政治的・経済的な危機を乗り越えてきた。第1章で詳しく述べたが、資本主義が一二世紀にベルギーのブルージュで誕生して以来、世界の〈中心都市〉は、金融危機を試練として乗り越えることで、さらなる繁栄を築き上げてきた。

そして、資本主義が「勝利」▼してからは、むしろ世界各地で経済的な危機が頻発したが、これまでそれらは当然のことのように乗り越えられてきた観さえある。

しかしながら現在、誰もが信じていた明るい未来が、大恐慌に襲われようとしている。あるいは、われわれの生活や社会に、非常に抜本的な変化の波が押し寄せようとしている。今、こうしたショッキングな事態が進行しているのではないかと、世界の多くの人々が不安を抱いているのではないだろうか。

▼**資本主義が「勝利」**　ソ連・東欧の社会主義が崩壊し、経済のグローバル化が始まったことをさす。

金融危機の経緯と背景

現在の危機に至った原因と経緯については、簡潔にまとめると次の通りである（第2章と第3章で、金融危機勃発とそれへの対応についてクロノロジカルに詳述した）。

市場は、希少な資源を最適に配分するための最高のメカニズムである。しかしながら、市場が自ら、必要となる法を整備したり、生産手段をフルに活用するための需要を創出したりすることはできない。市場社会を効率的に機能させるためには、法整備によって所有権が担保されるとともに、企業間の競争が維持され、きちんとした賃金や公共支出がなされ需要が創出されることが重要である。

つまり、そのためには、所得や資産の分配における公的介入が前提条件となるのである。もちろん、これを行なう場合は、民主的かつ非強権的な介入が望ましい。

ところが、こうした所得の分配が行なわれなかったために、少なくともここ二〇年間、とくにアメリカでは、需要はサラリーマンの借金で維持され、その借金は、借金によって購入された資産を担保としてきた。こうした負債を許容できるレベルに抑え込むために、アメリカの中央銀行にあたる「連邦準備制度理事会」（ＦＲＢ）は、二〇〇一年以来、金利の引き下げを余儀なくされてきた。そして、このことによってＦＲＢは、うまい投資先を見つけられる人々は、多額の借金をすれば金持ちになれる、という環境を創り出したのである。

こうして債務が拡大していくことによって、リスクも生み出されていった。このリスクに対処するために、民間の金融機関や〈インサイダー〉たちは、きわめて複雑化した保険メカニズム（ＣＤＳや信用補完）、そして、さらに複雑化した証券化メカニズム（ＣＤＯや資産担保証券〔ＡＢＳ〕）を開発していったが、それはまた、彼らが自らの儲けを最大限に増やしていくことでもあった。

これにより、拡大する債務のリスクは、世界中の銀行や金融機関、こうしたメカニズムを理解していない投資家に押し付けられることになった。そして、またしても、彼らの活動に対しては一切の監視がなされなかったのである。

金融市場ならびに情報産業を支配しているのは、アメリカである。中国やヨーロッパは、自らの資力よりも贅沢な生活をおくるアメリカに融資しつづけてきた。中国は、ドル相場を崩壊させることなくして、または、自国産業の輸出競争力を弱めることなくして、米国債を売り払うことはできない。中国の資金は、米国債の罠にはまったようなものである。また、ヨーロッパは、自国の銀行の罠にかかり貯蓄をすることによって、または、証券化商品や保険に資金を投じることによよ

★連邦準備制度理事会（ＦＲＢ）　巻末の「基本用語」を参照。

▼信用補完　モノライン保険会社が、証券化商品の元利払いを保証すること。モノライン保険会社については、巻末の「基本用語」参照。

★資産担保証券（ＡＢＳ）　巻末の「基本用語」を参照。

って、アメリカに融資しつづけてきた。

拡大する債務リスクが付け替えられ、そして、きわめて高い収益性が達成されていったが、これは、一九九〇年来、投資ファンド（資本を投下する者や投機筋）によって広範囲に後押しされたためである。投資ファンドに出資する投資家は、貪欲にさらなる高利回りを要求した。そして、年金ファンドも、高齢化による資金の必要性からさらなる高利回りを要求し、マネーゲームを後押ししていった。

この時期、カリフォルニア▼では、すべてが順調に推移していた。インターネット関連のアメリカの技術的偉業は、世界を魅了しつづけていた。それによって、エネルギー・才能・資本の大部分が、製造業や研究を犠牲にして、金融システムに吸い込まれていくことに、誰も気づかなかった。

ところが、貸手や借手に金融商品をアレンジする金融関係者（筆者が呼ぶところの〈インサイダー〉たち）は、このような状態が長続きしないことを予感し、生み出された富に対する自らの取り分をこっそりと増やした。

社会階層の底辺に属するアメリカ人世帯や、多額の借金を背負ったアメリカ人に対しては、新たな住宅ローンが提供された。いわゆる「サブプライム・ローン★」である。彼らは、これを利用して自宅を購入することで、貧困から脱出でき

▼**カリフォルニア**　ジャック・アタリは、カルフォルニアが、九番目の〈中心都市〉（本書44頁の注参照）としている。「サンフランシスコからロスアンジェルス、またハリウッドからシリコン・ヴァレーを抱えるカリフォルニアが、一九八〇年から、新たな〈中心都市〉となった」（『21世紀の歴史』参照）。

★**サブプライム・ローン**　巻末の「基本用語」を参照。

ると信じた。というのは、自宅の資産価値の上昇によって、さらに資金を借り入れることができるからであった。その一方で、金融機関は、この住宅ローンのリスクを他の預金者に押し付けるために、この住宅ローンをまとめあげて証券化した商品を売り出した。

そして、とうとう二〇〇六年の冬から、彼らの多くが、この住宅ローンを約束通り返済できないという状態に陥ったのである。

バブルから、パニックへ――金融危機の勃発

二〇〇七年中頃から、すべての証券化された資産に、懸念が生じはじめた。だが、これについて、「格付け機関★」は何も見抜くこともなく、国際通貨基金（IMF）は一切言及することなく、G8サミットもまったく議論の対象にしなかった。

まずはアメリカの銀行、次にスイスの銀行、再びアメリカの銀行、次にイギリス・ベルギー・ドイツ・フランスの銀行が、彼らのバランスシート（貸借対照表）にこうした資産が計上されていることに気づいたが、彼らは平常心を装った。やがて、住宅を担当するアメリカ当局、次に保険会社、つづいて預金者と、多くの者がパニックに陥った。誰もが、こうした証券化商品を売り払おうとした。

★格付け機関　巻末の「基本用語」を参照。

多くの国は、自国の資産が消えていくのを目の当たりにした。あらゆる先進国の銀行は、自行のバランスシートから、さらに「毒入り証券▼」が見つかるのではないかと戦々恐々とし、多くの健全な企業に対する融資が打ち切られた。これまでアメリカの債務をファイナンスすることに躊躇しなかった外国の銀行や国家は、疑心暗鬼の状態に陥った。

　そして、二〇〇八年の九月上旬、信用経済はパニックに陥った。ついに金融危機が勃発したのである。

そして、民間機関の債務が、政府（納税者）の債務に

　この金融危機は、次のことを認識するための格好の機会となった。すなわち、金融システムは、広範囲に腐敗しているということである。そして、これを管理・判断する金融関係者には高額な報酬がもたらされ、金融危機の責任者には法外な所得が支払われているということである。

　さらに不安は拡がっていった。誰もが、投資から貯蓄に回帰し、さらなるリスクを負うことは拒否し、自己防衛に走った。銀行間の取引は停止した。

　政府が「すべては順調である」と宣言するのは、決まって、このタイミングである。大規模な惨事が迫っていると感じた市民のほうが、まったく正常である。

▼**毒入り証券**　サブプライム・ローンを含む証券。サブプライム証券は、リスクを分散化するために、細切れにして他の証券と組み合わされて証券化され、さらにそれが他の証券と組み合わされるなどしたため、「食べてみなければわからない、毒入り饅頭」のようになってしまった。

しかし、市民がそう悟ってしまったことで、実際に危機がやってくる時期は早まってしまった。

二〇〇八年一〇月三日、世界の金融システムは、流動性▼の枯渇により崩壊寸前となった。一〇日後の一〇月一三日、G8の首脳国政府は、資金不足に陥っている自国の銀行に対して、融資を行なう姿勢を示した。アメリカやイギリスの銀行や保険会社は、ぞっとするような政治的な駆け引きの後に、事実上の国有化や、現状で存在しない公的資金を注入するとの約束によって救済された。つまり、民間機関の債務が、政府の債務に、つまりは納税者の債務になったのである。

しかし、何も解決されていない——オバマ大統領、ガイトナー米財務長官、そしてG20

しかしながら、何も解決されていない。危機ははじまったばかりであり、第4章で述べるように最悪のシナリオも想定しうる。

不況は足元にまで押し寄せている。借金返済は加速している。デフレの脅威が高まってきた。今後、危機に対して抜本的な対策を講じなければ、企業・消費者・労働者・預金者・債務者・都市・国家は、根源的な打撃を受けるであろう。

銀行は、自己資本比率がジリジリと下落するのを目の当たりにし、自らの将来に脅えている。すると銀行は、健全な企業に対しても貸し渋ることになる。この

▼**流動性**　ここでは〝通貨〟そのもののこと。つまり「流動性の枯渇」とは、米ドル資金市場に、ドルが出回らなくなり、ドルが枯渇してしまった状態を意味する。

煽《あお》りを受け、企業は倒産に陥る。銀行自身も、債務削減を余儀なくされるが、これを怠れば国有化されてしまう。これまでアメリカの月末の資金繰りを支えてきた中国は、自らの預金を次第に自国に引き戻すであろう。こうしてアメリカは、自らの債務をファイナンスしてくれる相手を見つけることができなくなっていく。

アメリカに残された手段とは、〝債務モラトリアム宣言〟▼を打ち出すか、インフレを起こしてしまうかであるが、どちらの手段も、資産を持つ者すべてを破滅させ、すでにアメリカの対外債務の増大により信用が失われつつあるドル相場を崩壊させてしまうであろう。

西側主要国の債務が解消されるまでの期間、少なくとも二年、あるいは五年、長ければ一〇年にわたって、不況に見舞われるであろう。この不況は、大幅な物価下落を招くであろう。たとえ、政府の大規模な財政出動があろうとも、景気を本格的に再起動させることは難しいと思われる。

そして、この金融危機は、やがて経済危機となり、さらに大きな社会的・政治的危機をも招いていくことになる。すなわち、数億人の人々が失業の脅威にさらされる。また、政治体制も、金融市場という「ゴーレム」▼を創り出すことに加担したのにもかかわらず、これをきちんと制御することができない無能力ぶりを批判され、いずれ信任を失うであろう。その先にわれわれを待ち受けているのは、

▼**債務モラトリアム**　法令を出して、債務の返済を一定期間猶予すること。

▼**ゴーレム**　ユダヤの伝説に登場する、生命を与えられた泥人形。作った主人だけの命令を忠実に実行するが、あやつるには厳格な決まりが数多くあり、それを守らないと狂暴化し、人間に被害を与える。日本映画『大魔神』は、ゴーレムからアイデアを得たと言われている。

暴力であり、インフレである。われわれの世界には、個人主義や不誠実さだけがはびこるようになり、社会の公正性への信頼が失われ、ついには民主主義さえも危ういものになるだろう。

21世紀の大惨事《カタストロフ》は避けられるか？

こうした大惨事《カタストロフ》を避けたいのであれば、諸悪の根源が、〝市場〟と〝法整備〟との不均衡にあることを認識するべきである（詳しくは、第5章をご覧いただきたい）。この不均衡こそが、需要を減らし、需要を借金に変え、合法と非合法すれすれか、さもなくば非合法、さらには犯罪行為そのものによって、丸々と太った金融利得者を生み出してきたのである。

市場の無秩序な発展によって世界中にばら撒かれたリスクを完全に把握している〈インサイダー〉たちは、自らの利益を最大にするためになら、何でもやってのけてきた。そして、この金融危機にいたって彼らがやっていることは、あたかも銀行強盗が、警察が到着する寸前まで、金庫からできるかぎりの札束をボストンバッグに必死に詰め込んでいるかのごときである。

また、昨年（二〇〇八年）末より、銀行や保険会社の幹部に対して、例年通りに高額なボーナスが支給されているが、まさにボーナス受給の危機にある納税者が、金融危機の重大な責任者である彼らに対して、高額なボーナスを支払わされている▼わけである。

今、世界を襲っている危機は、無秩序なグローバリゼーションが、世界を経済的・社会的・環境的な危機に陥れていることに対する最終的な警告と受け留めるべきであり、これを見直す最後のチャンスとなるかもしれない。

危機から脱出するために必要な措置

今こそ、われわれには、この危機を大惨事《カタストロフ》へと発展させないための人的・金融的手段やテクノロジーがあることを認識し、抜本的な改革を推し進めていくべきである。第6章では、その具体的な改革プログラムを提示したが、この危機から脱出するためには、最低限、次の措置が必要であろう。

1、〝カジノ金融〟▼に終止符を打つための方策として、経済や金融に関する情報を、すべての人に公平かつ同時に公開し、そして誰にとっても利用可能にすること。

2、金融市場は、そもそもグローバルなものである。この国際金融市場と、世界的な法整備とのバランスをとること。

▼**納税者が……支払わされている**　公的資金によって救済された銀行や保険会社が、例年通りの高額なボーナスを支給することが報道され、大きな問題となった。特にAIGは、政府から一七三〇億ドルの支援を受けたが、幹部社員に総額一億六五〇〇万ドルものボーナスを支給し批判を浴びた。

▼**カジノ金融**　本来、金融市場とは、資金の需給を調整し、経済活動を円滑かつ活発にすることだが、それから逸脱し、あたかも巨大なカジノ（賭博場）であるかのように、人々がマネーゲームに奔走していること。

3、これは、銀行家は絶対に嫌がるであろうが、銀行家という職業を謙虚で退屈な仕事に舞い戻らせること。
4、金融的なリスクや流動性の問題を、世界規模できちんと管理すること。
5、報酬制度を見直し、証券業務と銀行業務を分離し、他人に自らのリスクを負わせる人々に対する責任を追及すること。
6、すでに国によっては国家規模で取り組んでいるが、地球環境の面で持続性のある世界規模の大型公共事業を実施すること。

しかし、残念ながら、こうした措置がタイミングよく打ち出される可能性は少ないだろう。

それでも、グローバル経済下での初めての危機と言えるこの世界金融危機が、必要不可欠な金融機能の国有化、国家の統治権の強化、情報や知識への平等なアクセス、安定した世界の需要の確保、世界規模の最低賃金の設定、国際法の整備などに対する意識を芽生えさせていく可能性がある。

そうなれば、一六三七年の「チューリップ・バブル」▼崩壊という危機が、ネーデルラント連邦共和国の一五〇年にわたる繁栄への道を切り開いたように、二一世紀の世界は大惨事《カタストロフ》への道を回避していくことができるだろう。

▼**チューリップ・バブル**　ネーデルラント連邦共和国（現在のオランダにあたる）で、一六三四頃〜三七年にかけて発生した、世界最初の〝バブル経済〟。チューリップの球根は、植物愛好家たちに人気があり高値で取引されていたが、やがて投機対象となり、さらに職人や農民層にまでが転売目的で取引をはじめ、異常な高値がつくようになった。しかし、そのバブルは崩壊し、価格は一〇〇分の一以下まで急落、同国の諸都市は混乱に陥った。「南海泡沫事件」（ロンドン）、「ミシシッピ計画」（フランス）と並んで、ヨーロッパの三大バブル経済に数えられる。ちなみに、現在のオランダの国花は、チューリップである。

この分岐点は、最大で一世紀にわたるであろう。最後の第7章では、「21世紀の歴史」への見通しと責任について述べた。しかしながら、現在、囁かれるようになってきた安易な楽観論ばかりが幅を利かせていけば、多くの危機や戦争が、われわれを待ち受けている可能性がある……。

第１章

資本主義の歴史は、金融危機の歴史である

いかに世界は危機を乗り越えてきたのか？

1……史上初のグローバル金融危機

人類は、いつの時代も、宗教的・道徳的・政治的・経済的な危機を乗り越えてきた。とくに資本主義が「勝利」してからは、むしろ経済的な危機が頻発し慣れっこになってしまい、当然のことのように乗り越えてきたという観さえある。

しかしながら、現在、約束されていると思われていた明るい未来が、大恐慌に襲われようとしている。あるいは、われわれの生活様式や社会組織に、非常に根源的な変化の波がじわりと押し寄せようとしている。こうしたショッキングな事態が進行していると、今、世界の多くの人が、不安を抱いているのではないだろうか。

では、その正体とは、いったい何であろうか？

今回の危機については、まず政治やイデオロギーにその原因が求められた。例えば、この危機はグローバリゼーションが破綻する兆候である、あるいは反対に、グローバリゼーションをもっと加速させなかったからだ、といった意見が聞かれた。官僚主義に終止符を打つべきだ、すみやかに規制を打ち出す必要がある、地球規模の組織的収奪をやめさせろ、といった意見も聞かれた。また、インフレやデフレの脅威も語られた。この危機は、借金の有害性の例証であるといった意見や、逆に借金しまくることが有利なのだといった意見もあった。民間銀行相互の競争の重要性を語る者や、民間銀行の国有化を訴える者もいた。

現在の金融危機は、地球規模に拡大したという観点においてのみ、史上初なのである。この危機は、経済危機をも引き起こしはじめたが、まだ通貨危機には至っていない。人類がこれまでに経験したすべての出来事のうちでも、今回の危機は、さまざまな面において根源的・破壊的であり、広範囲に影響をおよぼすものとなるだろう。この危機は終息するのではなく、加速する出来事として「21世紀の歴史」▼を刻んでいくことになるだろう。

2……歴史的な〈中心都市〉での金融危機

〈中心都市〉と金融危機

この危機を理解するためには、これまでに発生した同じような出来事と、歴史的に比較検証してみる必要がある。

▼**「21世紀の歴史」**　本書の著者ジャック・アタリに同名の著書がある。26頁の注を参照。

ブルージュ▼で一二世紀に資本主義が開花して以来、大規模な金融危機は、毎回、その当時の金融の中心地で発生してきた。ほとんどのケースでは、金融の中心地とは、経済的・政治的な〈中心都市〉▼である。危機は、まず〈中心都市〉の通貨・財政・金融機関が脆弱化することからスタートする。そして、適切な措置が打ち出されれば〈中心都市〉は強化されるが、もし解決手段を見出せない場合には〈中心都市〉は他の都市へ移動することになる。

ジェノヴァの金融危機――一六二〇年頃

例えば、一六二〇年頃に発生した、ジェノヴァ▼の金融危機の場合を見てみよう。アメリカ産の金や銀の主要マーケットであった〈中心都市〉ジェノヴァは、依存関係にあったスペインの景気が後退したことで、その影響をまともに受けてしまった。自由闊達なオランダ人たちが、新たに開設された大西洋貿易ルートを支配して、アメリカの金銀をアムステルダムに引き寄せたが、ジェノヴァはこれを阻止することができなかった。こうして、資本主義の中心は、地中海のジェノヴァから、大西洋のアムステルダムに移動することになった。

それまで、ブルージュ（大西洋）、ヴェネチア（地中海）、アントワープ（地中海）、ジェノヴァ（地中海）と、大西洋と地中海の間で〈中心都市〉は移転をく

▼**ブルージュ**　現在のベルギーの都市。アタリは、歴史上初の世界経済の〈中心都市〉であるとし、初めて資本主義の秩序がブルージュで形成されたと述べている（『21世紀の歴史』参照）。

▼**〈中心都市〉**　資本主義の世界的な中核となる都市。アタリにおいては、資本主義の歴史を読み解くキイとなる概念である。「企業や家系が、超長期的に資本蓄積を行なうことはできないため、都市が資本蓄積を行なうのであり、この〈中心都市〉こそが、世界の資本主義の中核となり、これを組織していくのである」（『21世紀の歴史』）。〈中心都市〉には頭脳やマネーが集積し、経済危機や戦争によって他の都市へと移る。歴史上、九つの〈中心都市〉が存在し、東から西へと移動してきている（45・47頁の図表を参照）。

〈中心都市〉の移動

1、ブルージュ（現ベルギー）
2、ヴェネチア（現イタリア）
3、アントワープ（現ベルギー）
4、ジェノヴァ（現イタリア）
5、アムステルダム（現オランダ）
6、ロンドン
7、ボストン
8、ニューヨーク
9、ロサンジェルス

▼ジェノヴァ　四番めの〈中心都市〉となった現イタリアの都市。ジェノヴァの商人たちは、類まれな会計簿記の知識を持っており、これによって商業ネットワーク全体で力を発揮するようになる。そしてジェノバは、スペインの支配下にあった一六世紀初頭から頭角を現わし、一五六〇年ごろにはヨーロッパ最大の金融市場、すなわち、この時代の資本主義下の〈中心都市〉となった。ジェノヴァの銀

り返してきたが、アムステルダム以降、地中海に〈中心都市〉が戻ってくることはなく、地中海は世界資本主義の主役の座から転落した。地中海に面したスペイン王国・イタリア教皇国・フランス南部などの国々は、〈中心都市〉とのコンタクトさえ永遠に失うことになり、衰退を余儀なくされた。以後、彼らの生活水準は、アムステルダムの住民をはじめ、常に新興勢力の生活水準を下回ることになるのである。

アムステルダムの金融危機――一六三七年

次に〈中心都市〉となったアムステルダムでは、まだ自国市場は充分に整備されていなかったが、すぐに金融的な熱狂状態に陥った。一六三六年、富と豪奢の象徴であるチューリップの球根をめぐる投機、すなわち「チューリップ・バブル」▼が最高潮に達する。人々は、市場価格が急上昇するチューリップの球根を争って買い求め、その価格は、優秀な技能をもった職人の年間所得の二〇倍にまで跳ね上がった。

やがて、価格が常軌を逸しているのではないかと人々が不安を感じはじめ、一六三七年、買い手が付かなくなるという噂が広まり、チューリップ・バブルの崩壊▼が起きる。熱狂はパニックに変わり、価格高騰と同じ勢いで価格が暴落した。

行家たちは金の市場を支配し、すべての通貨の為替相場を決定し、スペイン・フランス・イタリア・ドイツ・ポーランドの王族の事業に資金を貸し付けていた（『21世紀の歴史』参照）。

▼チューリップ・バブル　38頁の注を参照。

▼チューリップ・バブルの崩壊　一六三七年二月三日、春の球根受け渡し時期が近づくと、不安が増大し、球根価格が一気に暴落。ネーデルラントの諸都市は、混乱に陥った。しかし、少数の破産者を出したものの、ネーデルラント経済には悪影響を残さなかった。球根の取引は、教訓として語り継がれ、二度と同じようなバブルは発生しなかった。

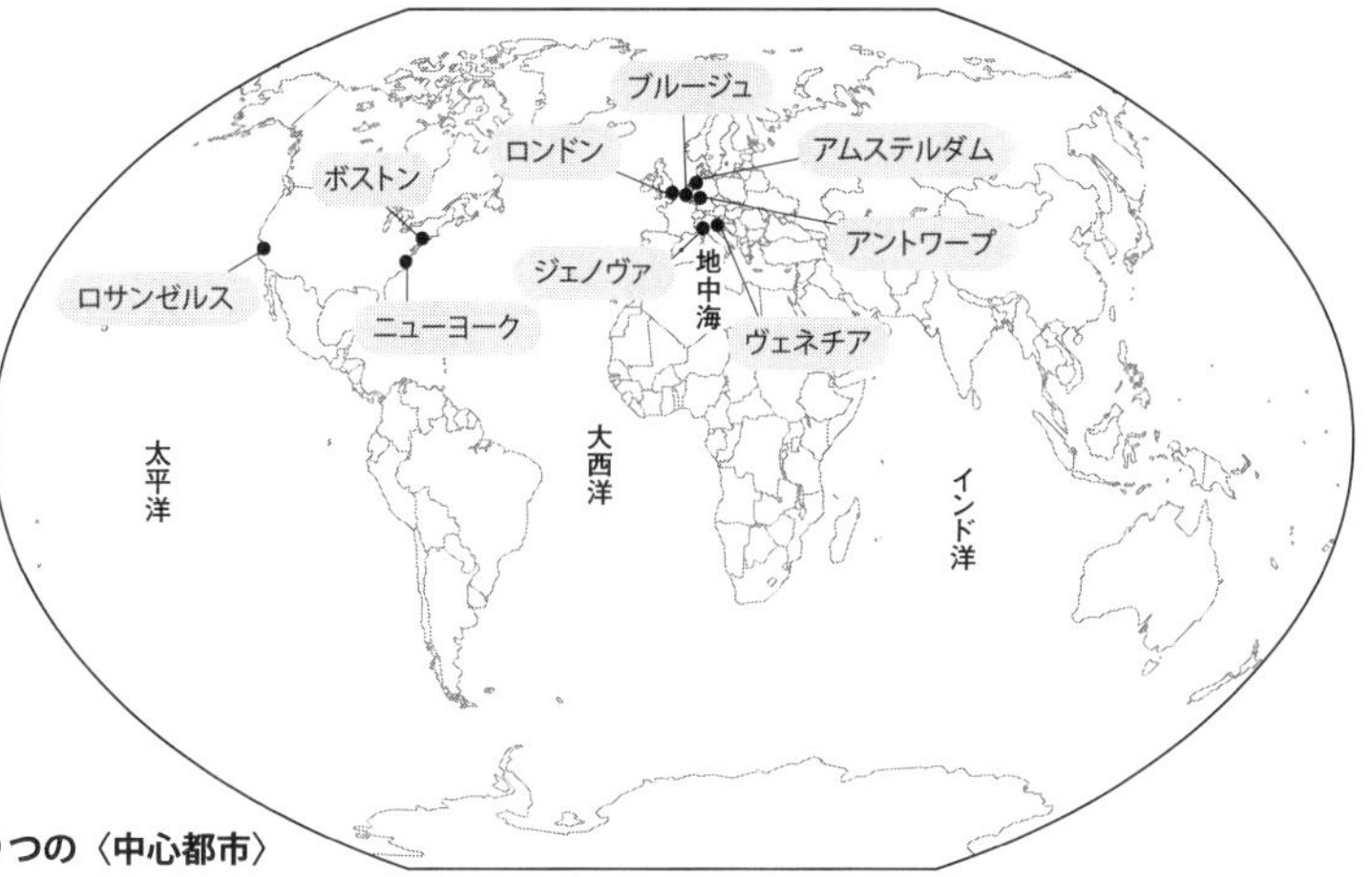

9つの〈中心都市〉

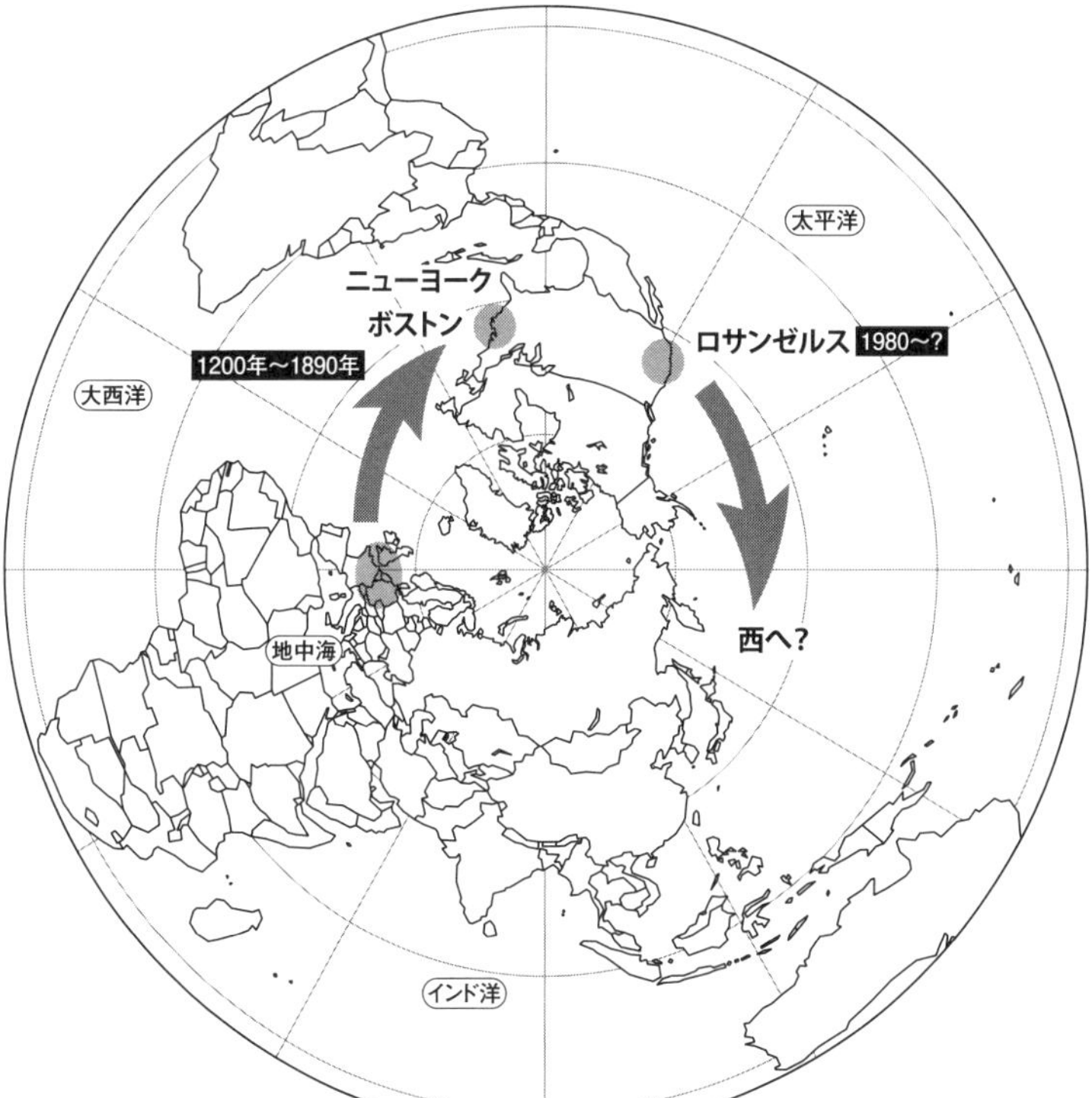

西へ、西へと移動する〈中心都市〉

チューリップ・バブルは、のちにフランス語で「空疎な貿易」(commerce du vent)と呼ばれるようになるが、このバブル経済に終止符を打ち、危機を乗り越えたことによって、ネーデルラント連邦共和国▼の金融市場は強化された。この危機の克服により、ネーデルラントは、自信をもって世界中から資本を引き寄せ、集めた資本を自らの目的のために投資し、貯蓄から生じる利益の大半を吸い上げることができるようになったのである。

ネーデルラントは、この資本を使って、とくに商業船団を組織し、海軍を強化した。こうしてアムステルダムは、一世紀半にわたって世界に君臨することになるのである。

ロンドンの金融危機――一七二〇年／一八四四年／一八九〇年頃

一七二〇年、政治面・経済面・金融面でアムステルダムの強力なライバルであったロンドンでは、株価・通貨のバブル崩壊により、「南海会社」ならびに数行の銀行が破綻した(「南海泡沫《バブル》事件」▼)。これを教訓にして、イギリス政府は「シティー」▼を整備し、イギリスがネーデルラント連邦共和国から権力を奪い取る土壌を作り出した。

一七八〇年には、優秀な金融マンの後を追うように、オランダの海運業者は、

▼ネーデルラント連邦共和国　現在のオランダ王国の当時の名称。

▼南海泡沫(バブル)事件　原語は「South Sea Bubble」。バブル経済の語源になった事件。一七一一年、イギリス政府は、財政危機を救うため「南海会社(South Sea Company)」を設立し、南米および南太平洋の貿易の独占権を与えた。一七九九年、同社から株式が発行されると株価が高騰し、他の銀行株も押されて、空前の投資ブームが発生した。しかし、一七二〇年に入り、政府が規制に乗り出すと、一気に暴落。多くの破産者・自殺者が生み出された。かのニュートンやヘンデルも株に手を出し、大きな打撃を受けている。ニュートンは「天体の動きは計算可能だが、人間の狂気は計算できない」と述べたという。

オランダから抜け出し、ヨーロッパで最も将来が確実で活気溢れる都市であるロンドンへと移住していった。イギリスの優位は決定的なものとなった。その八年後に、オランダの主要な銀行は破綻し、資本主義の〈中心都市〉は、テムズ川のほとりに拠点を構えるために、躊躇することなく北海を越えて移動した。ロンドンでは、民主主義と市場が歩調をあわせて進化することになった。

一八四四年、新たに発生した金融危機に対処するため、イングランド銀行が中央銀行化され、紙幣発行の独占権が与えられ、自国通貨の平価を固定するために金本位制が導入された。これによって、シティーは金融市場としての基盤を固めた。

一八九〇年ごろ、外見上は栄華を誇っていた大英帝国だが、自国植民地の防衛費のために積みあがった借金に疲弊していた。とくに、英国によるインド統治は、予想を裏切る、まったくの浪費であった。こうして、半世紀前に多くの銀行が破綻したように、この時もほとんどの銀行が破綻した。だが、ロンドンはこの危機を乗り越えることができなかった。

こうして、二〇世紀に入る少し前に、世界経済の八番目となる〈中心都市〉はボストンへ、そして金融の中心は「ウォール街」へと移転した。

▼シティー　「シティー・オブ・ロンドン」（City of London）の略称。ロンドンの起源となる地域だが、イングランド銀行をはじめ、大銀行・保険会社・株式取引所などが密集する金融の中心となっており、〝ロンドン金融市場〟のことを指して使われることが多い。なお同名の銀行が存在するが、銀行は「シティ」と表記した。

▼テムズ川のほとり　ロンドンのこと。

アメリカの金融危機――一九〇七年

アメリカの〈中心都市〉も、アムステルダムやロンドンがそうであったように、金融危機の発生によって鍛えられた。一九〇七年、株価が暴落し、二〇世紀最初の金融危機が勃発する。これを教訓として、ワシントンに「連邦準備制度」★（FRS）が設けられ、国際貿易では、ドルが次第にポンドに取って代わるようになる。

この時点で、国際金融市場の様相がまたしても変化した。第一次世界大戦が近づくにつれ、J・P・モルガン、ロックフェラー、チェース、シティ、リーマン・ブラザーズ、モルガン・スタンレーといった、一九世紀に設立された銀行の大半は、大規模に預金を集めて証券に投資する機関となった。戦時公債からはじまり、しだいに株券や債券を扱うようになった。企業は、資本市場から資金調達を行なうようになり、少しずつ株式市場の動向によって企業戦略を練るようになった。金鉱脈や油田に関する新たな情報など、利益をもたらす情報を事前に握った〈インサイダー〉たちは、他人の貯蓄を利用して莫大な資産を築き上げていったのである。

★連邦準備制度（FRS） 巻末の「基本用語」を参照。

3……アメリカでの大恐慌——一九二九年

第一次世界大戦の直前、ヘンリー・フォードによってはじめられたテーラー・システム▼が普及すると、この戦争によってアメリカの機械生産の産業化が加速する。労働者の賃金は上昇した。持ち株会社や信託業務など、新たな投資手段が、何ら規制を受けることなく数多く登場した。預金業務と投資業務を同時に行なっていたアメリカの銀行は、イギリスの銀行に取って代わりはじめた。アメリカの銀行は、住宅や証券を購入するための資金を借り入れようとする、国内ならびに世界中の人々に融資した。アメリカの資本主義は、最貧層、とくに黒人やアメリカ東部地域の白人を除き、絶頂期に向かったかに見えたのである。

ところが、まさにこの時期に、現在の危機が起こる前までは史上最悪であった危機が、アメリカに訪れる。現在起こっている危機を分析するためには、この危機は教訓に満ちている。

不動産バブルから、株式バブルへ

一九一九年ごろから、さらに金持ちになろうと夢中であったアメリカ人たちは、

▼**テーラー・システム**　ベルトコンベアを使った、流れ作業による組み立てシステムのこと。フォード社の創業者ヘンリーは、これによる自動車の大量生産システムの実現によって、自動車（T型モデル）の価格の低下、そして労働者への高賃金を実現した。これが、大量生産・大量消費型の資本主義の発展を実現する基盤となった。「フォーディズム」（フォード式生産方式）とも呼ばれる。

まず、フロリダの不動産に目をつけはじめた。中産階級の上位に位置する人々も、フロリダに別荘を購入するためにローンを組んだ。彼らのローンは、彼らの保有する株式資産を担保とする場合が多かった。株価は、経済成長とともに上昇していった。「神によって祝福された土地」「世界最強の国家」「アメリカに住む幸運」といった言葉に象徴されるように、楽観ムードが最高潮に達していた。

一九二六年の春、フロリダという特殊な不動産に対する需要に陰りが見えはじめる。しかしながら、不動産価格は上昇しつづけた。そこで、以下のメカニズムが作動しはじめたのである。

銀行は、誤った楽観主義によって、自行に預金のある顧客に軽率な投資を推奨するといった行為が蔓延し、不動産市場のバブルが株式市場に飛び火した。これが、熱狂を引き起こし、消費が喚起され、経済成長が促された。

これら一連の出来事により、所得格差が深刻化する。一九二八年には、金持ち上位五％の世帯が、アメリカ全体の世帯所得の三分の一以上を得るようになったことにより、中産階級世帯の消費は減退し、経済成長が脅かされた。そこで、連邦準備制度理事会★（ＦＲＢ）は、消費喚起のために、自国民に対して、所有株を担保に入れて、さらに資金を借り入れるように仕向けた。こうして株式市場は続伸したのである。

★連邦準備制度理事会（FRB） 巻末の「基本用語」を参照。

古今東西の金融バブルに共通の現象だが、働くことなく財をなす人々が増加しつづけた。中産階級は、自らの稼ぎ以上に消費するようになり、借金にどっぷりと浸かっていった。だが、所有する株式の資産価値の上昇によって、彼らは安心感を得ていた。楽観主義は、目を閉じることと紙一重となってしまった。金融システムはきわめて不安定になる。こうして、熱狂が、パニックに一変する土壌が形成されたのである。

暗黒の木曜日《ブラック・サースデイ》

いくつかの出来事がきっかけで、パニックが勃発したと思われる。たとえばそれは、第一次世界大戦以降、アメリカの銀行が仲介した外国の資金の出し手に対し、ほとんど返済が実行されなかったこと、一九二八年、大手石油会社七社（セブン・シスターズ）が締結した闇カルテルによって、原油価格が吊り上がり、自動車産業の崩壊を招いたことなどである。しかしながら、この時点では、恐慌の予兆を発見した者は、誰もいなかった。経済学者は、自動車産業の崩壊を「T型モデル▼」ばかりにこだわったフォード社の失策と結論づけていた。

アメリカ（すべての経済主体）の債務総額は、一九二八年末にはＧＤＰ比で三〇〇％すれすれにまで膨れ上がっていたが、すでに危機が勃発していることに

▼**T型モデル**　フォード社が、テーラー・システムによって大量生産を実現した、史上初の大衆車モデル。

気づいた者はいなかった。さらに、一九二九年の一～六月に、三四五行の銀行が閉鎖されたときでさえ、誰も危機に気づかなかった！ 一〇月二〇日、利食い売り▼、金利引上げやマージン・コール▼により、株式相場は下落した。

そして、一〇月二四日（木曜日）の朝、株式相場は急落した（正午の時点で、ダウ平均株価は、マイナス二二・五％を記録）。小口株主たちは、株券を叩き売るためにウォール街に殺到した。機関投資家が相場を下支えするために大量の買いを入れたことで、ダウ平均株価はマイナス二・一％の下落で収まったが、出来高は当時としては莫大な一二九〇万株であった。

翌日以降、株式市場は続落し、保有株式を担保にして借り入れをしていた人々は破産した。彼らは資金繰りをつけるためにすべてを売り払い、相場の下げを加速させた。パニックは銀行に広がり、銀行の窓口では取り付け騒ぎが起こった。結局、誰も銀行を救済しなかったため、四〇〇〇もの銀行が破綻した。

金融危機から、経済危機となった。最も影響を受けた産業は、建設業と自動車産業であった。数カ月後、パニックは全世界に広がっていった。各国は、輸出競争力を高めて貿易赤字を減らすために、自国通貨を切り下げるなどの自国防衛策を模索した。

イギリスは、一九三一年、大英帝国以外の地域からの輸入を制限する関税措置

▼**利食い売り** 保有していた金融商品を、値上がりした時に売却し、利益分を現実化（確定）すること。

▼**マージン・コール** いわゆる「追い証」。一般には、株式や債券などの市場性のある商品の信用取引において、商品の時価が変動し、信用取引のために必要な委託保証金が足りなくなった時に、委託保証金を増額することを指す。

「特恵関税」の保持を訴え、ポンドの金本位制を停止し、スターリング圏▼を形成した。ドイツは、ワイマール体制下で戦争賠償金に疲弊していたが、この危機で破産し、完全な管理通貨制度を作った。日本でも金本位制は崩壊し、管理通貨制度に移行した。危機は深まった。貿易は、地域間や同じ通貨を利用する国同士に限定され、アメリカの景気後退は、ついに世界恐慌へと至ったのである。

世界恐慌への対策

一九三三年の春、アメリカの新大統領フランクリン・D・ルーズヴェルトは、大規模な公共事業を打ち出し、ドルの金本位制を停止し、ドル圏を形成させた。また、銀行に対して、投資銀行業務か商業銀行業務かの、どちらかを選択するように迫った。この「グラス・スティーガル法▼」により、当座預金に利息を支払うことは禁止され、預金を保護する役割は「連邦預金保険公社」（FDIC）にゆだねられた。チェースとシティは商業銀行業務を選択し、リーマン・ブラザーズ、ゴールドマン・サックス、モルガン・スタンレー（旧J・P・モルガンの社員によって設立された）は投資銀行となった。

経済は、ほんの少し息を吹き返した。一九三四年、アメリカはドルと金の交換比率を四〇％も引き下げた。一九三六年には、レオン・ブルム体制▼下のフランス

▼スターリング圏　ポンド通貨圏のこと。大英帝国および植民地の経済ブロックから、スカンジナビア諸国、アルゼンチンまでを加えた広い経済圏は、事実上の通貨同盟に発展し、ポンドが基軸通貨となった。

▼グラス・スティーガル法　「一九三三年銀行法」のこと。預金保険制度の創設や連邦準備制度改革などを含む包括的な金融制度改革法であったが、銀行・証券分離に関する規定が有名。

▼レオン・ブルム体制　一九三六年に成立した、フランス社会党のレオン・ブルムを首班とした人民戦線体制のこと。大恐慌からの脱却が、当時の課題であった。

も金本位制を断念した。一九三八年には、アメリカ経済が再度減速し、ルーズヴェルト大統領の経済政策の失敗が明らかになっていたが、ルーズヴェルト大統領は、住宅部門のリスクを共有化するために銀行の一種である「ファニー・メイ」(連邦住宅抵当公庫)を設立させた。失業率は、就労人口の二五%にまで跳ね上がり、国民所得は半減した。アメリカの銀行は、ウォール街ではすでに禁止されていた業務を行なうために、ロンドンに子会社をつくることを模索しはじめた。

4……戦後経済体制の矛盾の根源

戦後体制への秘密裏の交渉

一九四一年一二月、アメリカが第二次世界大戦に参戦したことにより、一二年間つづいていた金融・経済危機に、やっと終止符が打たれることになる。

同年の一〇月、就労人口の一八%が失業していた状態からようやく抜け出したばかりの時期であるが、アメリカとイギリスによる経済の管理体制についての協議がスタートしている。とくに、貨幣や金融の仕組みについて熱心な話し合いが行なわれた。この協議は、三年間にわたって継続した。おもに大恐慌の元凶につ

▼ドル・ヘゲモニー(覇権)の形成 当時、スターリング圏の通貨・金融・貿易の結びつきは強固であり、ポンドはその基軸通貨であった。ドルは背後に巨額の金と対外投資能力をもってはいたが、国際的信用制度という世界システムをもたない地域通貨にすぎなかった。

いて話し合われたのだが、民間銀行や金融市場が議題になることはなく、保護貿易主義、通貨切下げ競争、中央銀行の役割だけが、攻撃の対象となった。

アメリカとイギリスの協議では、アメリカはイギリスに対して、秘密裏に、軍事支援の見返りとして、ポンドとドルの関係についての政治的妥協を迫った。戦争時のアメリカの融資によって、ドル・ヘゲモニー（覇権）の形成▼がなされたが、こうした融資は明確な決定もないままに実行された。というのは、対GDP比で二五〇％もの債務を負ったイギリス財務省は、まともに交渉のテーブルにつける状態ではなかったからである。

ケインズとホワイトの対立

一九四二年初頭、通貨改革について、アメリカの財務次官補ハリー・デクスター・ホワイト▼の案と、イギリスの著名な経済学者ジョン・メイナード・ケインズ▼の案が対立した。現在の金融状況を理解し、金融危機後の世界を展望していくために、この対立について説明しておきたい。

ホワイトの案である「連合国通貨体制のためのプログラム」では、二つの機関の設立が提示されている。すなわち、通貨の交換比率を安定させるための〝連合国基金〟の設立と、自由な通商および通貨政策を取る国に対して貿易の再構築と

▼ハリー・デクスター・ホワイト　一八九二〜一九四八年。アメリカの官僚。ブレトン・ウッズ会議では、通貨安定という観点から、基金原則の下で各国が資金を拠出し、短期的な経常収支赤字国に対して貸し付けるという為替安定基金を提唱した。結局、このホワイト案が、戦後のブレトン・ウッズ機関（とくに「国際通貨基金」）の基本原理となった。

▼ジョン・メイナード・ケインズ　一八八三〜一九四六年。経済学者。ブレトン・ウッズ会議では、国際清算同盟の下に、銀行預金に類似した決済・借入機能をもつ通貨（Bancor：バンコール）の創設を提唱し、バンコールを金に代替させ、国際的な信用の拡大を可能にするという構想を打ち出した。

発展を支援する〝連合国銀行〟の設立である。そして基軸通貨は、金との兌換があろうとなかろうとドルしか考えられないことを、ホワイトは示唆した。

一方、ケインズは、「国際通貨連合のための提案」で思い切って次のように記している。

理想的なシステムとは、間違いなく超国家的な銀行の設立であろう。超国家的銀行こそが、各国の中央銀行を束ねることになる。これはちょうど、各国の中央銀行とその国の民間銀行のような関係となる。

また、ケインズは次のように語っている。

この超国家的な世界銀行に対しては、金本位制は適用されず、この銀行はある一定の通貨へゲモニー(覇権)に組み込まれることもない。中央銀行としてのすべての特性を付与されたこの銀行は、各国の中央銀行間で超国家的な通貨を流通させる。「ユニオン」と呼ばれる、この中央銀行の中の中央銀行だけが、金を基軸にして価値が決まる国際通貨「バンコール」の口座管理にあたる。加盟国は、自国の金と引き換えに「バンコール」を受け取る。貸借残高には金利が発生するものとする。当座貸越枠をオーバーする際には、加盟国は、「ユニオン」と合意の上で交換比率の調整を行ない、「ユニオン」の指導のもとで、調整政策を打ち出さなければならないものとする。

アメリカが、ケインズ・プランを受け入れないことは明らかであった。『ウォールストリート・ジャーナル』紙は、これを「世界を引き入れる仕組み」と表現した。「アメリカ銀行協会」（ABA）は、どちらの提案に対してもきわめて消極的な態度を示したが、「これまでに考えられる最も納得のいく制度である金本位制への回帰」を示唆し、「国際通貨合同基金（プール）における枠組みや分担金制度の創設により、債務国は融資を受ける権利があると思うことにもなるであろうが、これは基本的に不健全であり、債務国が非現実的な希望をもつことにもつながる」と表明した。

一九四二年四月、ホワイトは、彼のプロジェクトを明確にした。交換比率を固定し、調整措置を課すための「国連の国際的安定化基金▼」と、「連合国の復興と開発のための銀行▼」の設立である。そして金を保有する国だけが、つまり、世界の指導者であるアメリカだけが、基金や銀行の融資を享受することが可能となるようにする。ホワイトにとって、この制度で最も重要なことは、債権者としての

▼**国際的安定化基金**　のちに「国際通貨基金」（IMF）につながる構想。

▼**連合国の復興と開発のための銀行**　のちに「国際復興開発銀行」（IBRD）につながる構想。

アメリカの責務を限定的なものにすることであり、この二つの機関におけるアメリカの裁量権を確保することにあった。とくに融資などに関する重要な決定事項については、アメリカには拒否権が与えられるべきだと主張した。

ケインズは、ホワイトのこの新たな計画案では、世界の国際的な流動性▼に対する需要に対応できないことや、アメリカ以外の金融を犠牲にしてアメリカに過大な権力を与えてしまうと指摘した。しかしイギリスは、アメリカに抵抗する手段を持たなかった。

一九四二年五月、イギリスは、債務の年間返済額の資金繰りをつけるために、保有していたアメリカの兵器産業の持ち株を、すべてアメリカ人に売却することさえ余儀なくされたのである。

ブレトン・ウッズ会議——ドル・ヘゲモニーの確立

一九四三年五月、第二次世界大戦の戦局がほぼ決したとき、ホワイトは、ワシントンで四六カ国の代表者に質問事項を配布した。その一カ月後、つまりアメリカ軍のシチリア島上陸直前の時期に、ホワイトは一八人の資本家の代表をワシントンに呼び寄せた。この年の秋、イギリスとアメリカの専門家による会合では、漠然とした共通の見解に達した。

▼**国際的な流動性** 国際的な基軸通貨の流通を意味する。「流動性」とは、ある商品を他の商品と交換する際のしやすさのことで、財務会計では換金のしやすさを意味するが、通貨・現金・資金そのものを意味して使われることも多く、本書では、そのほとんどが、通貨・現金・資金を意味して使われている。

一九四四年三月、英米の新たな話し合いの場として、ブレトン・ウッズで会議を開くことが決定された。イギリスは、ロンドンから国際金融の管理権が奪われ、米ドルにイギリス・ポンドが道を譲ることに不快感をもっていた。そこでイギリスは、イギリス連邦▼加盟国に諮《はか》る必要があるとの口実を持ち出し、決定の引き延ばしを試みたが無駄に終わった。ノルマンディー上陸作戦の一週間後の六月一五日、一七カ国の代表者がアトランティック・シティに集まり、この会議の議事日程および議題について話し合った。アメリカは、基金の事務局機能ならびに委員会の議長の座を確保することにこだわったが、銀行委員会の議長にはケインズが任命された。

一九四四年七月一〜二二日、アメリカ・ニューハンプシャー州の小さな街ブレトン・ウッズに七〇〇人の代表者が集まり、会議が開かれた。アメリカ財務長官ヘンリー・モーゲンソーが議長に選任され、副議長には、ベルギー人・ブラジル人・ロシア人が選任された。会議は英語で進行され、三つの委員会が予定通り設立された。ホワイトが議長を務める「国際通貨基金▼」（ＩＭＦ）に関する委員会、ケインズが議長を務める「国際復興開発銀行▼」（ＩＢＲＤ）に関する委員会、メキシコのスアレスが議長を務める、国際金融の協調体制について他の手法を研究する委員会である。

▼イギリス連邦　大英帝国が前身となって発足した、イギリスとその植民地であった独立の主権国家からなる、緩やかな連合体。一九三一年、「ウェストミンスター憲章」によって定義され発足した。

▼国際通貨基金（ＩＭＦ）　通貨と為替相場の安定化を目的とした国際連合の専門機関。本部はワシントンＤＣ。

▼国際復興開発銀行（ＩＢＲＤ）　第二次大戦後の各国の経済面での復興を援助するために設立された、本部をワシントンＤＣに置く国際金融機関。ブレトン・ウッズ会議によって設立が決定され、一九四六年に業務開始、一九四七年から国連の専門機関となった。世界銀行の機関の一つ。

ケインズは、自分が議長を務める委員会で持論を展開したが、委員会のメンバーには、彼の議論をきちんと理解できる者は誰もいなかった。

七月八日、国際通貨基金に関する委員会において、アメリカ代表団によって、IMF協定草案「第四条第一項」に改正を加える提案が、「あまり重要性のない」ものとして提起された。それは、加盟国の通貨の平価を「金または一九四四年七月一日現在の量目および純分を有する合衆国ドル」により表示するというもので、つまり各国通貨の交換比率を金で表わし（一ドル＝三五オンス）、金との兌換性を「ドルだけに」保証することにつながるものであった。ところが、委員会の出席者は、この重要性にほとんど気づかなかった。これによって、ドルが基軸通貨となったのである。ようするに、これはドル本位制への移行を意味したが、まったく議論されることもなく承認されてしまったのである！

七月一二日、ケインズの詳細な指示に反し、イギリス代表団の要求によって「金兌換通貨」方式は、「金兌換通貨、すなわち米ドルに交換できる」方式に修正された。これはドル本位制を確固たるものにした。ケインズの要求により、この根源的な修正は、代表団が別の言葉で言い換えた九六頁にわたる報告書には記載されなかったが、アメリカが作成した文書にはちゃんと記載されることになった。そして各国政府は、これを承認することになった。すべては、こうしてはじまったのである。

投票権の割り当てに関する議論も、きわめて緊迫した。フランス代表のピエール・マンデス＝フランスは、二つの機関にフランスの議席を確保したが、要求した投票権は得られなかった。七月一四日、投票権の割り当てについて合意に達した。中国・エジプト・フランス・インド・ニュージーランド・イランは、決定に対して留保を表明した。

七月一八日、国際通貨基金と国際復興開発銀行の本部は、アメリカに設置することが決定された。ヨーロッパでのナチによる金の収奪に加担した戦争責任から「国際決済銀行▼」（ＢＩＳ）が清算されることも決定されたが、この決議が実行されることはなかった。

ブレトン・ウッズのジレンマ

七月二二日、ブレトン・ウッズでの会議が閉幕される際に、議長のモーゲンソーは、これらの協定について次のように宣言している。

「これで、国際金融の牙城から高利貸しを追放することができる」。

しかし実際には、この制度は、設立当初から腐敗していたのである。

「ブレトン・ウッズ協定」によって、ドルは承認された唯一の国際決済の手段と

▼**国際決済銀行（ＢＩＳ）**　一九三〇年、第一次大戦後のドイツ賠償問題を処理する目的で成立したヤング案の一環として、スイスのバーゼルに設立された、各国中央銀行を構成員とする国際機関。第二次大戦後は中央銀行間協力を促進するフォーラムとしての役割を果たす。

なり、世界の基軸通貨としての位置を確固たるものにした。しかし、このことは、ある構造的な矛盾を作り出すことになった。ドルが基軸通貨としての役割を果たすためには、アメリカがドルを使い、他国がドルを受け取り、世界中にドルが充分供給されることが必要である。しかし、アメリカが世界へのドルの供給を増加させるということは、アメリカの国際収支の赤字が増大することになる。ところが、アメリカの国際収支の赤字の増加は、基軸通貨としてのドルへの信任を低下させることになってしまうのである。

言い換えると、ドルが世界各国の外貨準備として保有されればされるほど、ドルに対する信頼は弱まるということになる。この解消不能なパラドックスは、ベルギーの経済学者であるロバート・トリフィン▼が最初に提唱したことでよく知られている。現在、ドルの信認は極端にまで失われている状況にはないが、この「トリフィンのジレンマ▼」は現実味を帯びてきている。

しかしながら、ブレトン・ウッズ体制は、発足当初はすべてが順調に推移したかに思えた。一九四五年に戦争が終結すると、アメリカは自らの支配的地位を確固たるものにした。アメリカの産業部門の生産量は、一九三九年から倍増した。アメリカは、世界の石炭の半分、石油の三分の二、電力の半分以上を生産した。また、飛行機・自動車・船舶・兵器産業を、ほぼ手中に収めた。アメリカの金保

▼ロバート・トリフィン 一九一一〜一九九三年。国際通貨問題に関する研究で知られる、米イェール大学の経済学者。邦訳書に『金とドルの危機』（一九六一年、勁草書房）がある。

▼トリフィンのジレンマ アメリカがドルを国際通貨として供給するためには、アメリカの経常収支が赤字である必要があるが、経常収支の赤字拡大では、国際通貨としてのドルへの信認を低下させるというジレンマのこと。トリフィンは、このジレンマを解消するためには、国際機関による信用創造が必要であると説いている。

▼アルフレッド・W・ジョーンズ 米コロンビア大学教授（社会学）で、『フォーチュン』誌記者も務めていた。『経済予測の手法』という著書で、レバリ

有量は、世界全体の八〇％に達した。さらには、アメリカ国民の所得格差も減少した。金持ち上位五％が全米の世帯所得に占める割合は、戦前の四〇％に対し、二五％になっていた。

アメリカの金融システムは発展していった。一九四九年、アルフレッド・W・ジョーンズは、レバレッジ▼、空売り▼、出資者の人数の限定、マネージメント・フィー（管理手数料）など、のちに投機金融で登場することになるすべての道具立てを用いて、世界初のヘッジファンド★を立ち上げた。

一方で、高収益が望めないアメリカの商業銀行は、「グラス・スティーガル法」をかいくぐるためにロンドンに店舗を構えた。イギリス経済の崩壊にもかかわらず、シティーはウォール街の出店のようになった。同じ言語を話す金融マンたちは、投資銀行業務と商業銀行業務を同時に行なうなど、アメリカでは禁止されていた金融業務を、シティーで発展させていったのである。

ッジなどを提唱し、一九四九年、それを使用した世界初のヘッジファンドを設立した。

▼**レバレッジ**　投資において、信用取引やデリバティブを用いることで、手持ちの資金よりも多額の金額を動かすこと。レバレッジとはテコの作用のこと。

▼**空売り**　投資対象の現物を所有せずに、投資対象を将来のある時点において売るという契約を結ぶ取引のこと。

★**ヘッジファンド**　巻末の「基本用語」を参照。

5……ドル体制の危機とアメリカ経済の復活

ブレトン・ウッズ体制の崩壊とドルの危機

一九五八年まで、アメリカの外部ではドルは希少であった。その後、ヴェトナム戦争や米ソの宇宙開発競争により、機械や天然資源をアメリカが買い付けたために、大量のドルが外国に出回るようになった。対米輸出に大きく依存する国々は、莫大なドル準備高を保有していったが、これがもとで彼らの自国通貨も大量発行されていった。こうして西ドイツでは、政府としてはなんとしても避けたいインフレが発生してしまった。

一九七一年八月一五日、西ドイツ政府が保有するドルを金に交換してほしいとアメリカに依頼したところ、保有する金の減少を嫌がったアメリカは、金とドルの交換停止を宣言した。大戦間の時期に行なわれていた変動相場制に舞い戻ることになったのである。これは、ブレトン・ウッズ会議では反対されていたことである。ドルに対する信頼は徐々に失われていった。ドルの大幅な切り下げによって産油国の所得が減少し、一九七三年一〇月、これがもとで〝第一次オイルショ

▼**キングストン合意** 一九七六年一月、ジャマイカのキングストンで開かれたIMF暫定総会

ック〟が勃発した。これは一九四五年以降、最大の経済危機であった。一九七四年一二月九日付の『タイム』誌には、次のように書かれている。

「国家は、一九四五年以来の最長・最悪の景気後退に突入した」。

一九七六年一月八日、ジャマイカでの「キングストン合意▼」により、金の国際的な役割の停止▼が正式に確認された。

一九八〇年、経済危機の真っ只中にあったアメリカは、衰退の瀬戸際にあった。ドルは崩壊した。アメリカは、自動車の世界最大の輸出国という地位を明け渡した。工作機械の世界市場におけるアメリカの占有率は、一九五〇年の二五％から、一九八〇年には五％にまで減少した。その一方、当時の新興勢力であった日本の市場占有率は、ゼロから二二％にまで拡大した。

アメリカの対外債務は、対外資産を上回り、大幅に膨れ上がった。深刻な金融危機の犠牲者となったウォール街は、世界の金融を組織する唯一の場所ではなくなり、ロンドンのシティーは、失ったはずはないと信じていた地位をようやく回復することになった（ドイツから移住したジークムンド・ウォーバーグ▼は、シティーで初のユーロ・ドル債の発行や、株式の公開買い付けを行なった）。

アメリカに対する最大の債権者となった日本は、アメリカ国内の多くの象徴的な企業や不動産を買いあさった。

において、IMF第二次協定が改定された。改定内容は、変動相場制の正式承認と、金の廃貨の決定だった。これにより、ブレトン・ウッズ体制下における金ドル本位制は公式に終焉を迎えたのである。

▼金の国際的な役割の停止　つまり、金が正式に廃貨となった。

▼ジークムンド・ウォーバーグ　ウォーバーグ家は、ロスチャイルド家と並ぶ、二〇世紀最大級のユダヤ系の金融一族（本拠はドイツ）。ジークムンドは、イギリス最大の投資銀行「SGウォーバーグ銀行」を創設。同銀行は、国際的に有数の金融グループ「USB」（Union Bank of Switzerland）に吸収された。ちなみに、アタリは、ウォーバーグの評伝を書いている（未邦訳）。

膨張するアメリカの対外債務により、一部の中央銀行による大量のドル買いが引き起こされた。アメリカの公的債務は、世界に分配されたすべての信用の基盤となった。一九四五～八〇年の三五年の間に、この信用基盤は、なんと二〇〇倍にまで拡大したのである！

さらに、一九八〇年には、民間銀行が、中央銀行から一ドルを受け取ると、アメリカでは少なくとも四〇ドル、ヨーロッパではなんと五〇ドルも貸し出しが増えた（一九六八年では、わずか一五ドルから二〇ドルであった）。

一九八〇年、金の市場価格は、史上最高の一オンス当たり八〇〇ドルに達した。大企業の生産性が停滞したアメリカは、バブル経済の階段を登りつつあった日本の穀物倉庫にすぎない存在になるであろう、とまで囁かれたのである。

IT革命――〈中心都市〉は、東京ではなくカリフォルニアへ

マイクロ・プロセッサーをはじめとする革新的なテクノロジーが、アメリカは日本の穀物倉庫にすぎなくなるという予測を覆した。このテクノロジーは、レーガン大統領が情報技術を発展させるために打ち出した「スターウォーズ計画」▼という、大型の国家計画を基盤として発展した（これは、一九三三年、ルーズヴェルト大統領が実施した経済正常化政策や電力事業といった大型国家計画〔ニュー

▼**スターウォーズ計画**　「戦略防衛構想」（SDI）の通称。大陸間弾道ミサイルによる核攻撃を、衛星と連携した地上の迎撃ミサイル・システムによって、被害を最小限に抑えようという構想。それにともなう技術開発や軍備の配備が行なわれた。ただし、その実現性には多くの専門家が疑問を投げかけている。

ディール政策〕に匹敵するものである)。

これらのテクノロジーの革新により、世界資本主義の〈中心都市〉は、ニューヨークから東京に移動するのではなく、カリフォルニアへと向かうことになった(テクノロジーは、カリフォルニアの「シリコンバレー」に集結することになった)。そしてまた、ウォール街が金融の権力を保持しつづけることになった。ドル相場は、金に対して三倍にまで跳ね上がった。

この一八カ月ごとにパワーが倍増する▼という革新的テクノロジーは、アメリカの大企業や多国籍企業の生産性を著しく改善しただけでなく、アメリカの経済成長を再始動させた。このテクノロジーによって、金融市場は大きく揺さぶられていく。そして、現在の金融危機へとつながっていくことになるのである。

6……グローバル経済の進展と危機の予兆

危機とともに進展したグローバル経済

変動相場制への移行によって、数多くの技術革新の源泉ともなった外国為替市場は、世界に資金が自由に何の制約もなく駆けめぐるチャンネルの一つになった。

▼一八カ月ごとにパワーが倍増する　インテル社の創業者ゴードン・ムーアが提唱した、「半導体の集積密度は、一八カ月で倍増する」という「ムーアの法則」を指している。

外国為替市場の規制緩和は、とくにインターネットの発展など、シリコンバレーにとって、きわめて有利に作用した。だが、これによって、のちに金融市場には大惨事《カタストロフ》がもたらされることになるのである。

その第一幕の舞台は、一九八七年一〇月一九日のウォール街であった。

アメリカの巨額の貿易赤字やドイツ連邦銀行▼の政策金利の引き上げにつづいて、ダウ平均株価は、一日で二二・六%も下落した。この日は、他国の株式市場も大幅な全面安となった。これは、情報化時代における、最初の危機であった。一九八七年一一月二日付の『タイム』誌の表紙には、「世界中がパニック」といった文字が踊っている。

一九八八年、主要国の中央銀行がスイスのバーゼルに集まる「バーゼル銀行監督委員会▼」において、銀行の自己資本と銀行の総資産の比率を八%とする、いわゆる「BIS自己資本比率規制」の適用が議題にあがり、いわゆる「バーゼルI▼」として合意された（「バーゼル合意」）。

法整備をともなわない市場のグローバル化

一九八九年、ベルリンの壁が崩壊し、貿易市場ならびに市場経済への道がさまざまな国に対して開かれた。一九九〇年代初頭、中国をはじめとする新たな工業

▼ドイツ連邦銀行　ドイツの中央銀行。

▼バーゼル銀行監督委員会　一九七五年、G10の中央銀行総裁によって設立された、銀行監督当局の委員会。事務局は、バーゼルの国際決済銀行（BIS）に置かれている。

▼バーゼルI　一九八八年七月、バーゼル銀行監督委員会が公表した。「自己資本の測定と

国も市場経済を採用した。こうした国々が世界貿易に参入したことより、市場のグローバル化は一気に拡大したが、国家による法の規制は効力を失っていった。

世界経済は、人類史上で最も急速に成長しはじめた。新興国の中産階級の生活レベルは急上昇し、貧困国の貧困削減も進んだ。一日二ドル以下での生活を余儀なくされる貧困層の割合が、初めて減少したのである。一九八二年から二〇〇二年にかけて、貧困層の割合は、アジアでは六〇％から五〇％に、ラテンアメリカでは四四％から三〇％に減少した（ただし、サハラ以南のアフリカ諸国では、まったく進展が見られなかった）。

各国の中央銀行は、彼らの通貨調整・発行能力を、次第に金融市場にゆだねていった。融資は拡大したが、その代償である債務は、銀行以外の、とくに情報工学を経由して拡大した。企業は流動性▼を確保するために、こうした経由にシフトした。銀行をはじめとする金融機関の経営の不透明感は増し、彼らは、おもに他人のマネーを利用して儲けるようになった。

金融のグローバル化は、貯蓄が行なわれる場所（つまり、ヨーロッパやアジア）から、貯蓄が運用される場所（とくにアメリカ）に、できるだけ早く資金を移動させつつ、貿易のグローバル化に先行して、推進・組織されることになった。金融手段がさらに多様化し（とくに第2章で述べる「住宅ローン債券担保証券★」

基準に関する国際的統一化」のこと。「バーゼル合意」「BIS規制」とも呼ばれる。銀行が将来的に発生しうる損失額をあらかじめ見積もり、それに充分に対処できる最低所要自己資本を備えるべきことを要求したものである。具体的には、分子に銀行の自己資本、分母にリスク加重資産を置いたとき、その比率＝自己資本が、国際的に活動する銀行は八％以上であるべきことを規定した。二〇〇四年六月、リスク計測手法などを、より精緻化した「バーゼルⅡ」が公表された。

▼流動性　ここでは資金のこと。

★住宅ローン債券担保証券（RMBS）　巻末の「基本用語」を参照。

〔RMBS〕などのように）、金利は下がった。こうした金融市場についての知識・情報を知り得る立場にいれば、つまり〈インサイダー〉であれば、他人にリスクを分散しながら莫大な投資利益を期待できるようになったのである。

国際貿易のおもな増加分は、グループ企業内の国際取引であった。

「ワシントン・コンセンサス▼」と命名されたドクトリンとしてまとめ上げられ、ウルトラ・リベラルな新自由主義が世界中を席巻した。このドクトリンは、金融市場の自由化、小さな政府、雇用の流動化を推奨した。

すなわち、法整備のグローバル化をともなわない市場のグローバル化が進んだのである。

進む規制の解体

大規模かつ継続的な悪影響をおよぼすほどではなかったが、散発的にバブルが発生し崩壊している。

一九九一年、スウェーデンで金融危機が勃発した。その時点で、人々は充分に反省をするべきであったのだ。不動産バブルが、スウェーデンの主要銀行を破綻寸前にまで追い込んだ。銀行は国有化された後に、国が不良債権処理を進め、不良債権は「債務棚上げ機構」に移管された。「グッド・バンク▼」は体力を回復し、

▼ワシントン・コンセンサス 一九八〇年代に立て続いた南側諸国の債務危機への対策として、国際通貨基金、世界銀行、アメリカの研究者などがワシントンに集ってまとめた政策の合意事項。発展途上国は、累積債務問題の解決や経済成長のために、インフレ抑制、市場経済化、貿易・投資の自由化、民営化などを推進すべきだとしている。新自由主義政策を、世界規模で推進した象徴とされている。

▼グッド・バンク 文字通り、健全な銀行のこと。

やがて民営化されていった。

この頃、アメリカでは、規制当局が少しずつ解体されていった。「金融規制」の部局には、一九九二年には二万人の公務員が働いていたが、二〇〇八年には、それが一万四〇〇〇人にまで削減されたのである。

一九九四年一二月、シリコンバレーではインターネット関連の熱狂が渦巻いていたが、すぐ隣のカリフォルニア州オレンジ郡の自治体が、金融市場での投機に失敗し、一六億九〇〇〇万ドルの損失を計上して破綻を宣言した。これまで地方自治体が債務不履行《デフォルト》に陥ることはなかったため（地方自治体の破綻リスクは、きわめて低い）、この破綻によって危機意識が高まり、地方債▼を保証するきわめて特殊な保険会社である「モノライン保険会社★」（金融保証保険会社）が拡大していった。

モノライン保険会社の支払い能力は、保証した対象が債務不履行になった場合に支払わなければならない金額ではなく、彼らの言うところの厳格な信用調査によって、債務不履行に陥ることがない対象だけを選別したという基準、つまり債務不履行は発生しないという前提に基づいている。モノライン各社は、この基準によって自己資本の一五〇倍近くの金額を「保証」するとした。しかし、これに対して、規制当局は何の懸念も示さなかったのである。

▼地方債　州や市などの地方自治体が発行する債券。

★モノライン保険会社　巻末の「基本用語」を参照。

（次頁） **▼LTCM**　一九九四年に運用を開始したヘッジファンド。マイロン・ショールズやロバート・マートンといった、金融理論でノーベル経済学賞を受賞した経済学者が取締役に名を連ねていた。債券の理論価格を算出し、理論価格に比して割安と判断できる債券を購入し、割高な債券を売るという取引を中心とした運用手法を取っていた。わずかな市場の歪みから利益を引き出すため、手持ち資金をレバレッジを利かせて運用していた。

一九九八年、ロシアが財政危

同じ時期の一九九二年、ヨーロッパでは自衛のために「マーストリヒト条約」により単一通貨ユーロが導入され、リスクの共有化を図った。

アジア通貨危機、「チャイメリカ」、日本のバブル崩壊

一九九七年、「アジア通貨危機」が突如勃発し、短期間で終息した。しかし、この危機は、ロシアやブラジルにも飛び火した。アメリカでは、一九九八年九月、債券市場で活躍していたヘッジファンド「LTCM▼」やその運用手法を模倣した他の金融機関が、莫大な債務を抱えて経営危機に陥った。その原因は、設立者たちによる数理モデルの誤りにあった。連邦準備制度理事会★（FRB）の介入により、なんとか破綻は回避された。

中国は、アジア通貨危機を目の当たりにして、自国通貨が切り上げられるのではないかと懸念し、ドルを買い支えはじめた。アメリカの経済成長と債務は、ますます中国の貯蓄によってファイナンスされ、中国製品の大部分はアメリカに輸出された。世界は、中国とアメリカという奇妙なカップルによって動かされるようになった。ハーバード大学のニーアル・ファーガソン教授▼は、この奇妙なカップルの状態を、「チャイメリカ」とかわいい名前で呼んでいる。

金融的熱狂が息を吹き返し、規制緩和が加速していく。一九九九年一一月一二

機に陥り国債の債務不履行を宣言したことから、新興国の債券を買い持ちし、先進国の債券を売っていたLTCMは、市場心理が「質への逃避」へと傾き、その結果、新興国への投資資金の巻き戻しが起こったため、深刻な経営状況へと陥った。しかし、LTCMが破綻すれば投資していた欧米の金融機関も損害をこうむり、市場が不安定化しかねなかったため、ニューヨーク連邦銀行は、LTCMに資金を供給していた一五行に資金提供を求め、即時の破綻を回避させた。

▼ニーアル・ファーガソン教授 一九六四年生まれ。世界的に著名なイギリスの歴史学者。金融の歴史、帝国主義研究で知られる。邦訳書に『憎悪の世紀』（上・下巻、早川書房、二〇〇七年）がある。

日、「金融サービス近代化法▼」が、「グラス・スティーガル法」の制限を撤廃した。この法的措置は、その前年に行なわれたアメリカ最大手の金融会社シティ・グループの発足を追認した（シティ・コープとトラベラーズ・グループが合併し、ソロモン・スミス・バーニーの投資銀行業務を引き継いだ）。新規参入した銀行間で苛酷な競争が繰り広げられ、銀行は自己資本の二〇倍近くも投資するようになったのである。

こうしたアメリカの金融システムの変遷に対して、懸念を抱く者も現われはじめた。同一九九九年、ノースカロライナ州では、金融業者の「あこぎな貸付」が禁止された。さらに同年、アメリカ・デラウェア州の民間の専門家組織「国際会計基準審議会」（IASB）によって作成された国際会計基準「国際財務報告基準▼」（IFRS）により、資産の時価評価が推進された。この年、金の相場価格は、一オンス当たり一〇〇〇ドルに達した。

さらにまた一九九九年、日本では、バブル経済の崩壊によって、銀行は破綻寸前に陥った。日本政府は、これを救済するために八〇〇億ドルの公的資金を注入したが、その条件として、大手銀行は、まずはリストラと合併を行ない、受け入れた公的資金を返済していくことになっていた。しかしながら、日本の銀行は不良債権を処理することなく、自己資本の回復を遅らせることになる。

▼**金融サービス近代化法**　別名「グラム・リーチ・ブライリー法」。金融持ち株会社（FHC：financial holding company）の子会社を経由して「金融の性格を有する」業務を行なうことを許可した法律。これによって、銀行・証券の分離は、実質的に解消されることとなった。

▼**国際財務報告基準（IFRS）**　企業のグローバル化が進むなかで、国によって財務諸表の作成ルールが異なることは、投資家保護の観点から望ましくないため、「国際会計基準審議会」（IASB）によって作成された国際会計基準。IFRSは、すべての金融商品（金融資産および金融負債）を、原則として時価評価することを目指している。

ITバブル崩壊から、サブプライム・ローンへ

二〇〇〇年、五年前から発生していた〝ITバブル〟が崩壊した。情報技術関連企業が名を連ねるナスダック総合指数は、四月の最初の二週間で二七％も下落し、年間では三九・三％も下落した。

さらに危機の予兆はつづいていた。

二〇〇一年九月一一日のアメリカ同時多発テロ事件の翌日の一二日、ダウ平均株価は六八四ポイント下落（マイナス七・一三％）したが、強引な金利引下げによって、経済成長の失速は免れた。

二〇〇二年、金融取引を行なっていたアメリカのエネルギー企業エンロン社の不正経理▼や、大手電気通信事業ワールドコム社の粉飾会計▼により、世界の株式市場は大騒ぎとなった。いくつか改革案が打ち出され、アメリカの銀行が活躍するシティー（ロンドン金融市場）が有利になった。しかし、経済成長は持続しつづけた。こうした警告に耳を傾ける者は誰もいなかった。銀行は存在しない預金を惜しみなくばら撒いたため、一九五一年に一一・三％であった預金準備率は、二〇〇一年には〇・二％になったのである。

金融資本主義の原動力とは、限りなき貪欲さであることが、これまで以上に明

▼エンロン社の不正経理 同社は、エネルギー業界の規制緩和の波に乗り急成長を遂げ、米有数の巨大企業に成長した。しかし、二〇〇一年、『ウォールストリート・ジャーナル』紙に不正会計疑惑が報道され、証券取引委員会の捜査が入ると、デリバティブによる架空売上・利益計上や、取引損失の特別目的事業体（SPE）への付け替えなどの不正経理などが、次々と明るみに出た。そして、報道からわずか四六日後に破綻した。

▼ワールドコム社の粉飾会計 ワールドコム社は、米の大手電気通信会社で、二〇〇二年、負債総額四一〇億ドルで破綻。ITバブル崩壊後の通信不況による経営悪化を隠蔽するために、粉飾会計を行なっていたことが明るみに出た。

らかとなった。金融危機が迫っていると感じた最も裕福な者たちは、できるかぎり多くの利益をむしりとることに専念した。金融機関の経営陣、とくに最も希少な情報を入手することのできる、自らにしか忠誠心をもたない〈インサイダー〉は、二〇〇二年に一〇〇億ドル以上をボーナスとして山分けした！　危険水域に入った金融市場では、誰もが「現金化」を急いだ。

　最も変動性の低い資産でさえ、「国際財務報告基準」（ＩＦＲＳ）によって定められた「時価評価」の手法、いわゆる「値洗い▼（mark to market）」や「mark to model▼」が実施された。

　バーゼル銀行監督委員会は、銀行経営の健全性とディスクロージャー（情報開示）を推進するために、国際決済銀行（ＢＩＳ）による規制を打ち出したが、こうした規制は、すべての銀行にさらに高い損失準備金を課すことで、強者を有利にするものであった。

　二〇〇二年、需要は減退した。アメリカでは所得分配政策は政策的伝統と異なることから、アメリカ政府は、支払能力の乏しい借り手に金利を優遇することで、リスクの高い金融商品であるサブプライム・ローンを組ませるために、住宅購入をファイナンスする「連邦住宅金融抵当金庫」（フレディ・マック）や「連邦住宅抵当公庫」（ファニー・メイ）、ならびに不動産業者を指導した。

▼値洗い（mark to market）　市場価格を基にして、証券・外貨などの評価をすること。

▼mark to model　市場価格がない、または流動性が低い債券などについて、理論的な計算結果から算出された価格（プライシング・モデル）をもとに評価すること。

（次頁）▼モーリス・アレ　一九一一年生まれ。フランスの経済学者。一九八八年、「市場と資源の有効活用の理論への貢献」で、ノーベル経済学賞を受賞。

（次頁）▼ハイマン・ミンスキー　一九一九〜九六年。ポスト・ケインズ派の経済学者。「金融不安定化仮説」で知られる。これは、経済の拡大にともなって、経済主体の負債構造が脆弱化する可能性を示したもの低金利を追い風にして、すべての経済主体が債務を膨らませたことで、世界経済はふたたび成長していった。

金融危機の予見者

この段階で深刻な金融危機を予見した者は、ほとんど誰もいないが、パリのモーリス・アレ▼、そして、ニューヨークのハイマン・ミンスキー▼の二人だけは例外である。

風変わりな経済学者で一部のマルクス経済学者からも信奉され、ヘッジファンドのマネージャーでもあったミンスキーは、今後起こるであろう深刻な金融危機を、五つのフレーズで簡潔に表現している。

「収益性の革新」（または「経済政策の改革」）、「ブーム」、「熱狂」、「手仕舞い」、そして「ミンスキー・モーメント▼」と命名されたパニックである。はたしてこのパニックは、二〇〇九年以降に勃発するのであろうか……。

である。つまり、好況過程においては資本投資から安定的に収益がもたらされるので、流動性を保有することの優先順位が低下していく。そのため、より長期の投資、よりリスクの高い投資を行なうようになり、結果として負債構造が脆弱化するとされる。邦訳書に、『金融不安定性の経済学』（多賀出版）がある。

▼ミンスキー・モーメント　景気循環過程において、投資家が投機のために積み上げた債務の増大が、投資家自身のキャッシュフローに影響を及ぼすことになる時点（モーメント）のこと。この時点から、すべての投資家は、従前のような高い価格で投資対象へ投資することはなく、投資を縮小するため資産の投売りが開始され、資産はファンダメンタルズ価格以下でないと取引されなくなってしまう。

第２章

史上初の世界金融危機は、こうして勃発した

1……今回の金融危機は、どのような試練なのか？

資本主義の歴史を振り返ると、これまでの〈中心都市▼〉においても、常に金融危機は発生しており、むしろ危機によって、その経済システムの能力が試されてきたこと、そして、システムを改善し危機を乗り越えることによって〈中心都市〉が強化されていったことがわかる。改善ができなかった場合、〈中心都市〉は他へと移転していったである。

いずれにせよ、金融危機は、人類に対して、経済システムは常に完全ではないことを教え、そしてシステム改善の試練を与えてきたことがわかる。

では、今回の金融危機は、どのような試練なのだろうか？

それは、一九八〇年代以降、技術革新とグローバル化の中で発生したいくつかの金融危機のような、予期せぬトラブルといったものなのであろうか？

あるいは、世界大戦だけが危機脱却の糸口となった、一九二九年のニューヨーク発の世界大恐慌のような、長期化する危機なのであろうか？

▼**〈中心都市〉** 44頁の注、45頁・47頁の図表を参照。

それとも、一九七一～八二年のような、新たなテクノロジーが誕生するまでの長く苦しい道のりを必要とするような危機なのだろうか？

今回の危機は、新たなタイプの投機バブルの崩壊によるものだが、これは、一六三七年、〈中心都市〉であったアムステルダムで発生した「チューリップ・バブル▼」のように、金融システムの発展に寄与するものとなるのであろうか？

または、大英帝国の凋落を促した、あの一八八〇年型の疲弊した金融システムとなってしまうような、根源的な危機なのであろうか？

筆者は、今回の危機は、若年層の相対的な減少と所得の偏りによる危機であると考えている。そして、これはグローバル化以降の最初で最大の危機となったが、チューリップ・バブルのケースのように、この危機を克服することによって、いずれは力強い経済成長につながっていくと予測している。

ただし、仮にこうした筆者の見通しが正しいとしても、この危機を正確に理解し、そこから教訓を学びとることが必要不可欠である。そのために、この危機が起こった過程を、できるかぎり平易な言葉で、一日ごとに細かく分析してみたいと思う。それによって、一九八〇年代以降に続発した金融危機の後に、いかにして現在の大恐慌が勃発したのかが理解できるであろう。

このアメリカ発の危機、そしてインターネット技術の発展によって、保険会

▼**チューリップ・バブル**　38頁の注を参照。

社・投資ファンド・投資銀行からはじまった史上初の危機は、文字通り世界規模の危機となった。この危機のはじまりは、一九二九年型の危機と非常に似通っているが、その規模はケタ違いに大きい。

2……所得格差と需要の減少

すべては、経済の自由化からはじまった。

民主主義とのバランスを欠いた経済の自由化により、世界中で、金融部門の稼ぐ割合が、国民所得全体のなかで高まっていった。こうした稼ぎの大半は〈インサイダー〉▼の連中の懐に収まった。一九六〇年には、金融部門の収益は、アメリカ企業全体の一四％であったが、現在では三九％にまで上昇している。新たに創造された富は、ますますひと握りの人々が独占していったのである。

これら人々は、低金利で調達した資金を用いて投資する一方で、投資先には二〇％の利回りを要求した。こうした行為により、所得分配の不平等は悪化した。アメリカ人の金持ち上位一％の所得は、一九四八年では国民所得全体の七％に相当するにすぎなかったが、現在では一六％以上となっている。さらにアメリカでは、人口の五％の人々が総所得の三八％を独占し、一九九〇年から二〇〇六年ま

▼〈インサイダー〉 26頁の注、および217頁を参照。

でに創造された富の半分を、不当にわがものとした。年率五％の経済成長率では、二〇％の利回りを継続的に保証することなど無理であることを、誰も認めようとしなかったのである。

その結果として、サラリーマンの賃金は相対的に低下した。一九九〇年以降、アメリカの経済成長率はおよそ四％を記録しているが、アメリカの給料の中間値は停滞している。現在のアメリカ市民の平均的給与は、一九七九年よりも低く、低所得者の下位二〇％の人々は、さらに低くなっている。アメリカ国民の所得の下位五〇％は、国の富の全体の二・八％しか所有していないが、一方で彼らの債務は急拡大しているのである。

他の国々も事情はほぼ同じである。フランスでは、株価指数の上昇から、購買力は二〇年で一二〇％も向上したが、フルタイムで雇用されるサラリーマンの給与による購買力は、一五％しか向上しなかった。また、「社会復帰のための最低保証収入」▼（ＲＭＩ）による消費者の購買力には変化がなかった。

結局のところ、この富の偏りにより、需要にしわ寄せが生じた。給与が充分に支払われないために、アメリカやヨーロッパの中産階級は、以前ほど消費ができなくなった。さらに、人間は五〇歳を過ぎると平均的に消費を減らすために、人口の高齢化も、需要の伸びに重くのしかかったのである（アメリカだけは、移民

▼社会復帰のための最低保証収入（ＲＭＩ） Revenu minimum d'insertion. 経済・雇用状況の悪化などによって発生した不就労者に対して、最低限所得の保障として「ＲＭＩ手当」を支給し、受給者が社会的および職業的参入を果たすことを目的するフランスの制度。収入が一定の最低限所得に達しない二五歳以上の個人などに対して、最低限所得基準と受給権者の世帯収入との差額を支給する。

流入により人口の高齢化をまぬがれている)。

3……借金による需要創出

なぜアメリカ人は借金漬けになったのか?

こうした富の分配の偏りを見直すことなく、アメリカの経済成長を維持していこうとするならば、アメリカ国民全体の所得を引き上げずに需要を維持していかなければならない。したがって、中産階級には借金漬けになってもらう必要があったのだ。これこそが、一九八〇年代初めから、アメリカ社会が暗黙のうちに決定した方針である。その借金とは、例えば、日常消費でのクレジットカードや、マイホーム購入に対する不動産担保ローンである。

日常生活のみならず、マイカー購入資金、子どもの教育費、医療費、レジャー資金などもファイナンスする消費ローンは、集中的な企業コマーシャル活動によって推進された。アメリカの世帯は、平均して一週間に一回の割合で、クレジットカード勧誘のダイレクト・メールを受け取るという。

銀行などの金融機関、そしてブッシュ大統領をはじめとする行政当局は、アメ

▼さらなる借金にはげむことを

リカ人世帯がさらなる借金にはげむことを後押ししたが▼、ところが一方で、月々の返済は、債務総額の二〜三％しか要求しなかった。こうして、アメリカ人世帯の三分の一近くが、クレジットカードで一万ドル以上の借金をこしらえることになったのである。しかし、このシステムは、まもなく行き詰まることになる。カードローンの実質年率は一一〜一五％であり、遅延損害金の金利は二九〜三四％にまで跳ね上がるからである。

住宅ローン

住宅ローンは、経済対策として、そしてマイノリティーに対する配慮として、アメリカの政治家にとっては戦略的政策であった。アメリカ社会では、全員がマイホームを所有する、または所有できなければならないという考え方が一般的であるためである。

一九七七年には、いわゆる「コミュニティ再投資法」▼によって、銀行や信用金庫は、恵まれないコミュニティの住民に融資するよう、行政指導が行なわれた。しかし、一九八〇年ごろに破綻寸前にまで陥った金融機関も存在したことから、返済能力に乏しい顧客を対象とした融資に躊躇する金融機関も多かった。それに対して、さまざまなコミュニティの圧力団体は、低所得者層向け住宅整備を支援

後押しした　ブッシュ政権は、「思いやりある保守主義」をかかげ、「オーナーシップ社会」の実現をめざした。具体的には、税金を納めて国からサービスを受けるのではなく、国民自らの役割や責任を強調、国民一人一人が責任を持って貯蓄を運用し、その資金で民間からサービスを購入する社会を想定し、さらに住宅・株の保有や起業、民間の医療保険・年金への国民自らの加入なども促進した。

▼**コミュニティ再投資法**　すべての金融機関に対して、その近隣の居住者を所得・人種に関わりなく公平に扱うことを要求し、近隣コミュニティの再生に関連する貸出を促すことを目的とする法律。これによって金融機関は、近隣への一定額以上の投資・貢献を義務付けられるようになった。

するという約束を遵守しない銀行に対して、合併を阻止するというキャンペーン活動を開始した。結果として、借り手の与信に応じた担保ローンが発展したのである。

手数料稼ぎを目的とするフリーの金融業者は、担保ローンの契約不履行によりブラックリストに載った借り手には「サブプライム・ローン★」を勧めた。サブプライム・ローン★では、住宅の価格以上の金額を変動金利で融資した。融資額は、借り手の年間所得の三〇倍以上にも達した！ この融資は、住宅の資産価値を担保にしていたことから（資産ベース）、不動産価格が上昇すると、融資額を増やすこともできた。

そして、不動産価格は値上がったのである！ これは、銀行にとってはリスクのないシステムであった。一九二九年の大恐慌後に設立された「連邦住宅金融抵当金庫」（フレディ・マック）や「連邦住宅抵当公庫」（ファニー・メイ）といった政府系の金融機関は、アメリカ議会の後押しによって、銀行から、こうしたローン契約を買い取った。

最貧層より少し上の社会階層に対しては、プライム・ローンとサブプライム・ローン★との中間のローンである「オルトA・ローン▼」が提供されたが、このローンは、契約当初の数年間は元金を返済する必要がなく、金利も優遇されていた。

★サブプライム・ローン 巻末の「基本用語」を参照。

▼オルトA・ローン 「プライム・ローン」と「サブプライム・ローン」の中間で、サブプライムほど信用力が低くないものの、所得・資産証明などの必要書類が提出できない人向けの住宅ローン。

住宅ローンの貸出残高の伸びは、住宅着工数を増やし、所得を生み出し、さらには、さまざまな財またはサービスの消費を喚起することから、多くの者がこれを支持した。こうした債務経済は、政府・銀行・産業界・サラリーマンにとって都合がよかったのである。実際に、不動産屋と金融サービス業者が結託して、彼らはアメリカの民間部門における経済成長全体の四〇％を独占したのである！

さらに、アメリカと同じシステムが、同じ銀行によって導入されたイギリスでは、不動産屋と金融サービス業者は、経済成長全体の五〇％以上を独占した。イギリスでは、確かに経済は成長したが、こうした活動に直接関係のある業種だけが潤ったのである。優秀な学生たちは、こうした職種に就いていった。そして逆に、研究者やエンジニアといった職種に対する評価は、下降の一途をたどったのである。

企業買収（M&A）

企業もまた、家計と同様に、さらにリスクの高い手段で債務を増やした。

企業の経営陣や金融資本家は、わずかな資本と多額の低利の借り入れによって企業を買収し、買収した企業に年率およそ二〇％の収益率を課した。これは、企業を買収するために借り入れた資金を、その企業収益によって返済するためであったが、当然ながら企業本来の収益性を大幅に上回っていた。企業買収のために資金を集める特殊なファンドが設立された。「プライベート・エクイティ★」（PE）や「レバレッジド・バイアウト★」（LBO）である。

これらは、買収した者が儲かる仕組みになっている。こうした高収益を達成するためには、企業は自社にノウハウがある分野に特化して企業活動を行なうしか方法はなく、他の分野から撤退する必要があった。こうして、まず雇用が犠牲となり、次に研究部門が切り捨てられ、企業の存続さえも犠牲となっていったのである。

4……低金利・レバレッジ効果・資産効果

家計と企業における債務の膨張を維持するためには、〝低金利〟を維持する必要があった。すなわち、これがアメリカの連邦準備制度理事会★（FRB）が二〇〇一年から採用した政策である。FRB議長のアラン・グリーンスパン▼が、この重大な決定を下した際には、すべての人々が賞賛した。だがこれが、のちに悲惨な結果をもたらすことになったのである。

企業・投資ファンド・個人は、FRB★の低金利政策によって借金が容易になり、

★プライベート・エクイティ（PE） 巻末の「基本用語」を参照。

★レバレッジド・バイアウト（LBO） 巻末の「基本用語」を参照。

★連邦準備制度理事会（FRB） 巻末の「基本用語」を参照。

▼アラン・グリーンスパン 一九二六年生まれ。一九八七～二〇〇六年、FRB議長を務める。一九九〇年代のアメリカ経済の黄金時代を築いたとされ、「金融の神様」「マエストロ（巨匠）」と賞賛された。しかし現在、グリーンスパンによる二〇〇一年からの歴史的な低金利政策が、サブプライム・ローンによる住宅バブルを生んだとされ、今回の金融危機を招いたA

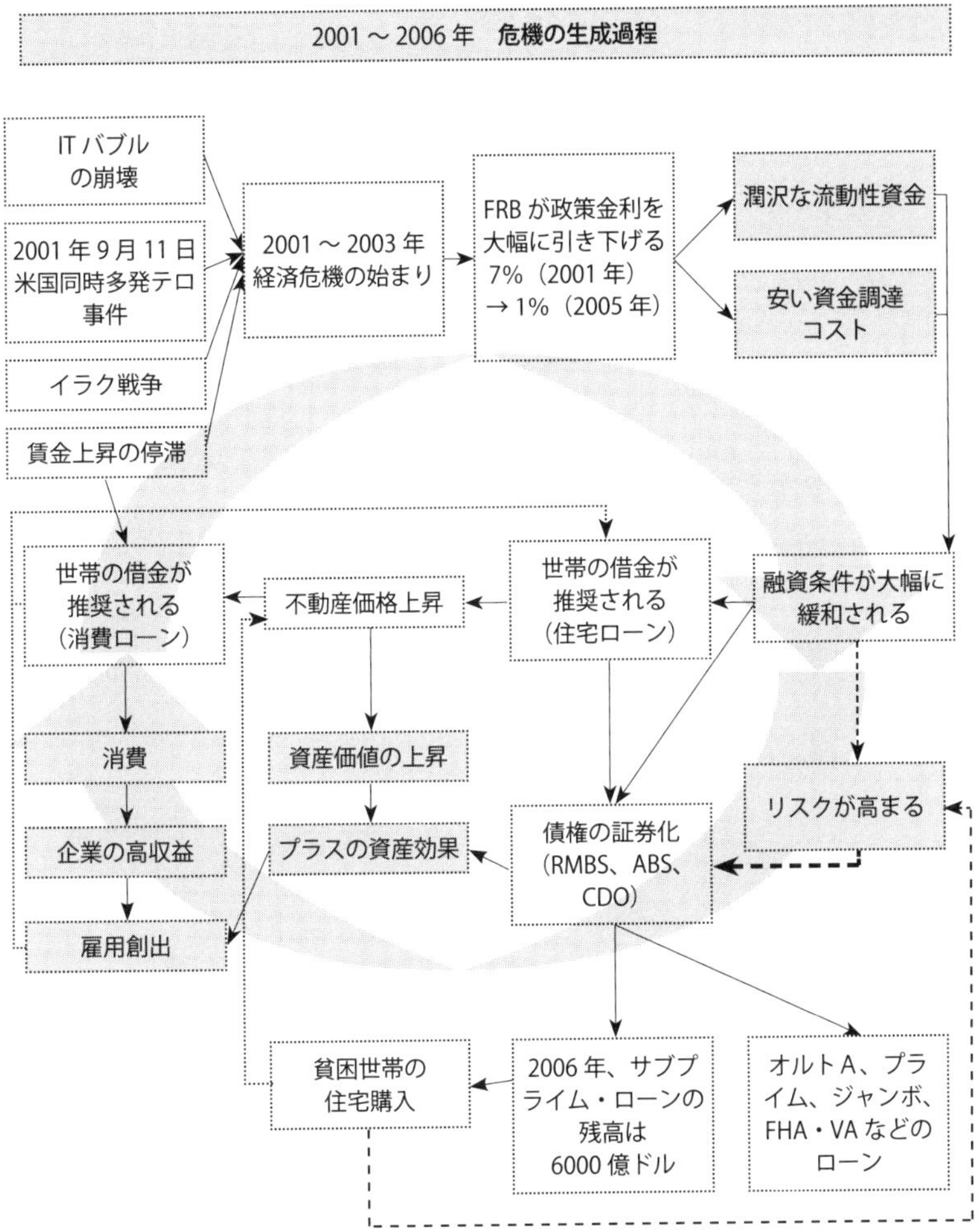

＊矢印は、実線（ ⟶ ）は直接的影響を、点線（ - - -➤ ）は間接的影響を表わす。
また、線の太さは影響力の大きさを表わす。

レバレッジ効果▼を狙うようになった。そして、資産効果▼により、借金を抱える世帯は、さらに借金を増やし、さらに消費を増やすことになった。人々はさらに豊かになったのである。こうした現象はアメリカだけではなかった。世界の不動産価格の総額は、一九九〇年ごろでは世界のＧＤＰの四分の三に相当したが、その一〇年後の二〇〇〇年ごろには世界のＧＤＰの一・五倍に相当する推定七五兆ドルにまで膨張した。

企業利益の倍数として算出する企業価値もまた上昇した。前述の通り、国民所得における企業利益の部分が増えたことや、企業利益の高まりに対する期待によって、この倍数自体が増えたことがその理由である。この倍数は、企業利益の八〇倍にも達することがあった。

世界中の債券や株式の時価総額は、一九八〇年には、世界のＧＤＰと等しかったが、二〇〇六年中頃には、世界のＧＤＰの二倍に相当する推定一〇〇兆ドルにまで増加したのである。後述するが、証券化商品やデリバティブ★などの金融商品をこれに加算する必要があるが、その総額は、確かな筋によると、七〇～一〇〇兆ドルもあるという。世界の金融・不動産の総資産は、二五〇兆ドル以上と推定されるが、結局のところ、これはおもに債務によってファイナンスされている。

級戦犯の一人と指摘されている。

▼レバレッジ効果 借入など他人資本で資金を調達することで、自己資本のみで事業を行なうより、何倍もの収益が狙える効果のこと。レバレッジとは、テコの作用のこと。

▼資産効果 消費者の保有する土地や株式の価値の増加が、消費行動に与える効果。

★デリバティブ 巻末の「基本用語」を参照。

軽率な行動によって築き上げられた、まさに借金の山である。雪崩《なだれ》が発生する条件は、すべて整ったといえよう。

5……資金争奪戦——証券化とデリバティブ

サブプライム・ローンの証券化

平均寿命が延びたことにより、高利回りが要求されるようになった。ますます長くなる老後の資金を確保するために、高齢者は、高利回りの金融商品を購入する必要があるためである。

二〇〇〇年代初頭から、銀行は、自らの企業活動の原資であり、また収益の源泉となる資金を調達するために、不動産抵当権を、タックス・ヘイブン▼（租税回避地）に拠点を置くヘッジファンド★などの世界の機関投資家が魅力的と感じる金融商品に仕立て上げた。また、これは銀行のバランスシート（貸借対照表）から、リスクの高い資産を切り離すためでもあった。ようするに、銀行はリスクを削減するためなら、何でもやってのけたのである。

このようにして銀行は、最もリスクの高い不動産債権、とくにサブプライム・

▼タックス・ヘイブン（租税回避地）　税金を免除あるいは軽減している国や地域のこと。ケイマン諸島やモナコ公国といった、自国に産業を持てない小国や地域が、企業や富裕層の資産を誘致するために行なっているケースが多い。一方で、オフショア市場を抱える世界最大の金融市場であるロンドンのシティーこそが、世界最大のタックス・ヘイブンだと指摘する声もある。多国籍企業・銀行・テロリストによる、脱税やマネーロンダリングの温床になっており、世界金融の半分、海外投資の三分の一が流れ込む、グローバル闇経済を形成している。なお、「オフショア金融市場」「オフショア」も、ほぼ同義である。

★ヘッジファンド　巻末の「基本用語」を参照。

ローンの切り離しに躍起になった。そして、リスクのレベルに応じて優劣を階層化し、これをパッケージにして商品化した。「住宅ローン債権担保証券」（ＲＭＢＳ）は、こうした信用リスクによって仕分けした階層化構造をもっており、リスクの高い順から、以下のように分かれている。最もリスクが高い優先層は、トレーダーによっては「ロス・マネー」（損失金）とも呼んでいる「エクイティ」。中間層は「メザニン債」。そしてリスクが低い劣後層には「シニア債」があるが、さらに「スーパー・シニア債」（格付けＡＡＡ）というのもある。

次に、銀行は、こうしたパッケージを債権として市場で売り出した。これが「証券化」と呼ばれる手法である（新たなテクノロジー、数理モデル、インターネット技術が、こうした手法を可能にした）。この試みは、証券購入者に高い利回りを約束したことから、ただちに大成功を収めた。世界中の機関投資家は、こぞってサブプライムをはじめとする、こうした証券化商品を欲しがり、自らの顧客にも購入を勧めた。

不動産ローンなどの証券化商品の総額は、アメリカ財務省証券（米国国債）の発行残高を超え、一二兆ドルを突破した。連邦住宅金融抵当金庫（フレディ・マック）や連邦住宅抵当公庫（ファニー・メイ）も、これに追随し、ＲＭＢＳの発行業務を行なうかたわら、ローン債権を自らのバランスシートに計上した。証券

★住宅ローン債権担保証券（ＲＭＢＳ） 巻末の「基本用語」を参照。

化されたサブプライム・ローン★の半分は、アメリカ以外の銀行が所有したことから、こうした証券化商品は、アメリカ人以外の顧客に販売されたのである。

この成功により勢いづき、「アセット・バックト・セキュリティ★（ABS）」（資産担保証券）という名称で、あらゆる種類の債務が証券化された。とくにクレジットカードの債務など、個人向けローン債権が証券化された「債務担保証券★」（CDO）も急増した。CDO★は、サブプライム・ローン★のRMBS★と同様の信用リスクの階層化構造をもっていた。これらすべてが、経済成長率を上回る収益性を約束していた。投資家が、購入する金融商品の性格をきちんと理解し、証券化が返済不可能なローンを組むことの口実とならない限りにおいては、これらすべての証券化商品は、元来は、有用な金融手法であったのである。

デリバティブ

「デリバティブ★」（金融派生商品）と呼ばれる金融商品も証券化された。ここで少しデリバティブ★の発展について技術的な説明をしておきたい。

デリバティブ★とは、「原資産」（株式、債券、債権、さらには金利や為替）と呼ばれる資産の、価格変動リスクを回避するために登場した金融手段である。その機能とは、資金の流れを円滑にすることにある。デリバティブ★の価値は、依存先

★アセット・バックト・セキュリティ（ABS） 巻末の「基本用語」を参照。

★債務担保証券（CDO） 巻末の「基本用語」を参照。

の資産の価値から「派生」（derivative）したものであることから、この名前がついた。

デリバティブ★は、これらの資産価値の変動に賭ける金融商品であるが、大別すると、先物取引、先渡し取引、オプション取引、スワップ取引の四つがある。債権に基づくデリバティブ★は、担保のないデリバティブ★（クレジット・デフォルト・スワップ★〔ＣＤＳ〕など、単純な相対契約によるもの）と、担保のあるデリバティブ★（例えば、複数の資産を証券化したＣＤＯ★）の、主に二つに分かれる。

デリバティブが証券化された金融商品であるＣＤＯ★には、買い手の負うリスクの大きさに応じて利回りが異なる階層構造が存在する。これらの金融商品のメカニズムは、さらに複雑化したため、販売当事者である銀行の幹部でさえ理解できなくなるほどになってしまった。ある金融機関は、顧客にこうしたタイプの証券購入の勧誘をするために、一五〇ページにもおよぶ目論見書を作成したという。しかし、銀行のトップでさえ商品構造が理解できないものを、管理することなど不可能であった。

こうした証券化商品やデリバティブ★からは、驚くべき収益が期待できたことから、投資銀行（ベアー・スターンズ、メリルリンチ、シティグループ、リーマン・ブラザーズ、ＡＩＧ）やヘッジファンド★によって、世界中の金融機関に転売

★クレジット・デフォルト・スワップ（CDS）　巻末の「基本用語」を参照。

され、他の金融商品のなかに混ざり込むことになった。世界中の金融機関は、この新たな打ち出の小槌を利用しようと懸命になり、自らもこうした金融商品を作り出す企業も現われた。だが、こうした金融商品の原資産にまで遡《さかのぼ》ることのできる者は誰もいなかった。銀行やヘッジファンド★には、こうした金融商品に関するリスクに知識のある者はいたが、儲けたいという誘惑に負けた。一方、個人投資家はこうしたリスクを知るよしもなく、また、これを推し量る手段ももたなかった。情報の偏りが、不平等な形で拡大した。これこそが、今回の金融危機の根源的原因である。

投資家のあらゆる要求に可能なかぎり応えるために、さまざまな証券化商品が登場した。こうしたデリバティブ★商品の総額は一二兆ドルを突破した。新たな国際会計基準▼を採用すると、銀行は、めまぐるしく変化する理論的価値を決定する数理モデルに従って、市場のないこうした金融商品を、自行のバランスシート上で価値評価しなければならない。ようするに、収入も、資産も、すべてヴァーチャルなのだ。

こうした金融商品を販売する金融機関の幹部や商品設計者の報酬は、年間収益にがっちりとリンクしていた。彼らは、サラリーマンとは異なり、利益を懐に入れたのであるが、株主とは異なり、損失をこうむることはなかったのである。

▼**新たな国際会計基準**　「国際財務報告基準」（IFRS）のこと。75頁の注を参照。

ヨーロッパ・産油国・中国など、世界中の資金は、この新たな金脈を求めた。これらの投資家は、税務当局の管轄を逃れるオフショア（租税回避地）に拠点を置くことを主張し出した。社会的評価の高い最も尊敬すべき銀行は、オフショア金融市場にこっそりと「受け皿」を設立し、自分たちは知らぬふりをした。オフショア金融市場には、一〇兆ドルほどの金融資産やデリバティブ★商品、四〇〇の銀行、ヘッジファンド★の三分の二に相当する二〇〇〇のヘッジファンド★、二〇〇万のペーパー・カンパニーがうごめいていた。

いかなる国の中央銀行や市場監督機関であろうとも、また、国際通貨基金（IMF）や国際決済銀行（BIS）であろうと、誰もこれを咎める者はいなかった。

6……資本調達が困難になり、モノラインやCDSが登場した

躊躇する一般投資家への対策として

徐々に、金融危機の幕が開かれていった。危機が訪れるのを察知した者は誰もいなかったが、破綻への舞台は静かにはじまっていったのである。

世界中の投資家は、ますます奇怪なものになっていく金融商品の購入に躊躇し

▼**異国情緒あふれる「特別な受け皿」** 島々や小国などのタックス・ヘイブン（租税回避地）に設立した法人に、金融商品を

はじめた。投資ファンドによる、レバレッジ効果を最大限に効かせて、最小の資金で投資するという手法は知れわたった。また、金融手段の収益性が低下した場合には、最終的には資金の出し手である投資家がツケを払わされることも周知のことになっていった。

こうして、資金の出し手が投資をためらうようになったことで、銀行や他の金融機関は、彼らの利ザヤを減少させるであろう資金調達コスト引き上げを回避するため、案件ごとに資金調達することをやめ、自らのバランスシートを開示して資金を調達しはじめた。これにより、リスクは分散されると思われた。

しかし、銀行や他の金融機関は、こうした金融商品をバランスシートに載せないようにするために、異国情緒あふれる「特別な受け皿▼」に、これらを移し変え、監督機関の目をごまかした。

バーゼル銀行監督委員会では、いわゆる「バーゼルⅡ▼」と呼ばれる、ゆるやかな規制が各国中央銀行間で締結され、二〇〇四年六月に公表された。内部監査と情報開示が強化されたが、その規制対象は先進国の銀行のみであった。

ある種の金融機関が、投資を躊躇する一般投資家に対し、「アセット・バックト・セキュリティ★（ABS）」（資産担保証券）への投資リスクを保証しようと申し出た。この市場に、もう一つの大物である「モノライン保険会社★」（金融保証

移したことを指す。

▼バーゼルⅡ　「自己資本の測定と基準に関する国際的統一化：改訂された枠組」のこと。「新BＩS規制」とも呼ばれる。ここでは、新たな自己資本比率規制が規定された。第一の柱「最低所要自己資本比率」、第二の柱「銀行の自己管理と監督上の検証」、第三の柱「市場規律」からなる。特に、「バーゼルⅠ」が、単一のリスク計算方法に依拠していたのに対し、「バーゼルⅡ」では、標準的手法によるリスク・ウェイトの細分化、内部格付手法による非期待損失（unexpected loss）の直接計測などにより、リスク計測の精緻化が図られた。

★モノライン保険会社（金融保証保険会社）　巻末の「基本用語」を参照。

保険会社）が、ひっそりと登場した瞬間である。厳密に言うと、モノライン★とは、保険業者であるとともに、銀行家、ヘッジファンド★のマネージャー、金融ブローカーでもある。彼らは、資金の出し手に対して、金融商品のリスクを分散・希薄化・隠蔽するために、巧妙な手段を編み出していった。彼らは、洗練されたというよりも、狡猾な保険屋と言うべきであろう。

クレジット・デフォルト・スワップ（CDS）

その巧妙な金融手段の中でも、まず問題なのは、民間の債権契約を保証すると称する「クレジット・デフォルト・スワップ★」（CDS）である。これは規制対象とはなっていない。このCDS★とは、投資家が、証券を発行した企業の債務不履行（デフォルト）のリスクを、ヘッジ（回避）するためのデリバティブ★の一種である。投資家は、保険業者と保証契約を結び、毎年または数年ごとに損失リスクに応じた保険料（リスク・プレミアム）を支払い、もし証券発行企業が倒産した場合、保険業者は、投資家に対して損失額を支払う。したがって投資家にとっては、これを利用すれば、少なくとも表面的にはリスク・ゼロで証券化商品を購入できるというわけである。

しかしながら、こうした市場に跋扈《ばっこ》する関係者は、度しがたいマネーの亡者であり、こうした素晴らしい金融手段も、結局は、彼らによって誤ったかたちで利用されてしまった。ＣＤＳ★は何かを保証するわけでもなく、すぐに単なる「ギャンブル」となった。さらにひどいことには、ＣＤＳ★も証券化され、金融市場におけるギャンブルの対象と化した。

こうして総額六二兆ドルもの証券が市場に出回り、投資家のバランスシートに貼りついた。しかし、この金額は、仮に市場に流通したとした場合の価値であり、最終価値ではない。誰が誰に対して、何をいくら保証しているのかを知るものは誰もいなくなった……。こうした金融商品の実際の価値を知る者は存在しなくなったのである。

モノライン

前述したように、この時期、金融市場に、ＡＢＳ（資産担保証券★）の信用補完を行なう保険会社として、「モノライン保険会社★」（金融保証保険会社）が登場した。FGIC（Financial Guaranty Insurance Company), MBIA, Ambac, SCA（Security Capital Assurance）などである。

これらはもともと、地方自治体の債権を保証するために特別に設立された金融保証専門の保険会社であった。ところが、地方債市場が激化してきたこともあり、モノライン★各社は、保証業務の対象をＡＢＳ★の証券化商品へと拡大させ、二〇〇五年には、ＡＢＳ★の新規保証額が、地方債などの保証額を上回るところまで成長させた。

ところが、モノライン★各社は、サブプライム・ローン★を組み込んだ証券の保証によって業務を拡大させており、サブプライム危機★の表面化により大きな損失を出す可能性が出てきた。それによってモノライン★各社の信用力が低下し、格下げが検討されているが、そうなると各社が保証している証券も格下げになるため、〝格下げのスパイラル〟が広がるという「モノライン危機★」が発生する可能性がある。

さらにまた、モノライン★各社の格下げによって地方債が格下げされると、アメリカの地方自治体の中には、資金が調達できなくなり公共サービスを見直さなくてはならないところも出てくる。

モノライン★各社は、二・四兆ドル近くの債務保証を行なうとしているが、保証すると請け負ったリスクを完全に保証しない場合でさえ、その保険支払能力は、明らかに不十分である。

しかし、規制当局、政府、中央銀行（とくにＦＲＢ★のグリーンスパン議長）、格付け機関★など、誰もがこれを見て見ぬ振りをしたのである！

★モノライン危機　巻末の「基本用語」を参照。

★格付け機関　巻末の「基本用語」を参照。

7……格付け機関の実態

「格付け機関★」とは、独立した腐敗のない公明正大な機関であるというのが建前である。その職務は、企業に実際に足を運んで、コーポレート・ガバナンス、財務状況、情報開示などについて調査し、その所見を預金者や投資家に報告することにある。そして、格付け機関★の採点によって、企業が資金を借り入れる際の金利が決定されるのである。

　こうした役割は、公的機関や国際機関が行なうべきであると思われるかもしれない。少なくとも、非営利団体が行なうべきであろう。ところが現在、世界では、おもに三つの民間企業によってこの業務が行なわれている。「Ｓ＆Ｐ」「ムーディーズ」「フィッチ」である。

　本来であれば、これらの機関は、彼らのイメージや評価を維持するためには、可能なかぎり厳格な格付け業務を遂行すべきである。ところが、こうした格付け機関★は、彼らが採点する当の企業から報酬を得ている。採点の対象となる企業が顧客なので、格付け機関★が不適切な評価、または不充分な評価を行なった場合には、顧問契約が打ち切られ、その企業は他社へ取られてしまうこととなる。したがって、格付け機関★としては、顧客の機嫌を損ねるようなことはしなくなっていく。格付け機関★の連中も、これまでに登場したマネーの亡者たちと同様に、顧客から利益をしっかりとしぼり取ることだけで頭がいっぱいだった。そして、このどこからともなく降って沸いた富のぶん取り合戦に参戦し、良心の呵責もなく格付け業務を遂行していったのである。

格付け機関★は、対象となる企業を訪問することさえなく、その企業が保有する金融商品である、住宅ローン債権担保証券★（ＲＭＢＳ）、債務担保証券★（ＣＤＯ）、クレジット・デフォルト・スワップ★（ＣＤＳ）について調べもしなかった。批判的格付けと言われるものの実情がいかほどのものであったのかは、推して知るべしである。

格付け機関★三社の得た報酬総額は、二〇〇二年の三〇億ドルから、二〇〇七年には六〇億ドルへと倍増した。ムーディーズの利益は、二〇〇〇年から二〇〇七年で、なんと四倍も急増した。ムーディーズの利ザヤは、『フォーチュン』誌の発表によると、大手企業五〇〇社の中で、五年連続で最大だった。ところが、これらの大企業は、ムーディーズが格付けしている当の顧客なのである……。

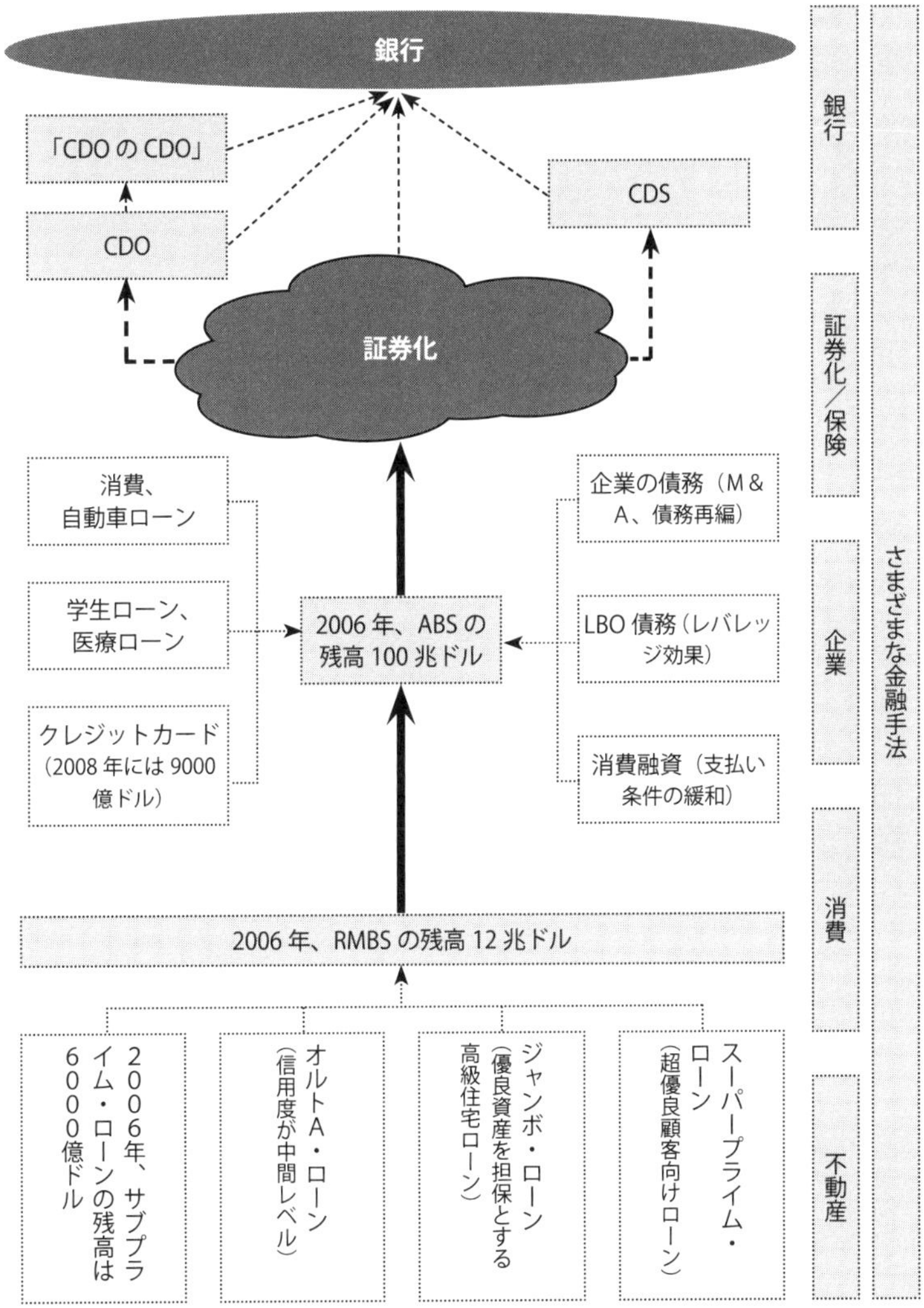

＊矢印は、実線（──➤）は直接的影響を、点線（- - ➤）は間接的影響を表わす。
また、線の太さは影響力の大きさを表わす。

8……破裂寸前のグローバル化した債務

関係者の間で暗黙の了解ができあがると、あとは借金が激増するのみである。二〇〇七年末には銀行カードによるアメリカ人の債務残高は、一〇年前の二倍に相当する九〇〇〇億ドルにまで膨れ上がった。

アメリカ人世帯の債務は、一九七九年のGDPの四六%から、二〇〇七年一二月にはGDPの九八%にまで増加した。アメリカの対外債務は、GDPの七〇%に相当する七兆ドル以上にまで膨らんだ。二〇〇七年には、アメリカのサービス収支の赤字だけで、二〇〇二年の二倍に相当する一六五〇億ドルになった。二〇〇七年のアメリカ人の債務の合計（すべての経済主体を含む）は、一九二九年時を大幅に上回り、GDPの三五〇%に達した。

こうした事情はイギリスも同様であり、イギリス人世帯の借金は、三〇年前にはGDPの二〇%であったが、それが八〇%にまで膨張する一方で、賃金は一〇年前から下落しつづけた。フランスや諸外国などでも、公的債務が膨張した。きわめて例外的な国は、カナダやチリであり、こうした国々は債務を二〇〇八年前までに縮小させた。レバレッジ効果は債務を生み出した。誰もこれを埋め合わせることはできない。雪崩《なだれ》発生の危機は強まったのである。

危機は間近に迫っていたが、しかし、これを察知した者はまだほとんどいなかったのである。

9……危機を予測した人たち

誰よりも事態を把握しているべきであった、ブッシュ政権の財務長官ヘンリー・ポールソン▼は、何も知らず、何も見ていなかった。スペイン出身のラト専務理事率いる国際通貨基金（ＩＭＦ）も、同様であった。そしてまた、警鐘を鳴らす者を「悲観論者」と一蹴したヨーロッパ各国の財務大臣も同様であった。彼らに曰く、「三〇年以上にわたって〝アメリカの終焉〟説を叫びつづけた者がいるが、振り返れば、そんなのは愚かな誤りであったではないか……」。

しかしながら、専門家の中には、アメリカの公的債務はじきに維持できなくなり、いずれドルとアメリカ経済は崩壊するのではないかと考える者が、かなり以前から存在していたのである。

二〇〇四年八月一八日、『フィナンシャル・タイムズ』紙の主席経済コメンテーターであるマーチン・ウルフ▼は、「現在、アメリカは、破滅への心地よい道

▼**ヘンリー・ポールソン**　二〇〇六〜二〇〇九年、ジョージ・W・ブッシュ政権の財務長官を務める。クリントン政権の財務長官ルービンと同様に、証券会社ゴールドマン・サックスの会長を務めた。

▼**マーチン・ウルフ**　「世界銀行」のエコノミストを経て、『フィナンシャル・タイムズ』の編集委員・主席経済コメンテーター。同紙に執筆している「経済時評」は、世界的に定評がある。邦訳書に、スーザン・ジョージとの討論をまとめた『徹底討論 グローバリゼーション賛成／反対』（作品社）がある。

のりを歩んでいる」と評した。

二〇〇四年一二月二一日、ニューヨーク大学教授（経済学）のヌリエル・ルービニ▼は、この二年後には、彼の発する一言一言が黄金の価値をもつと思われるようなカリスマ的存在となったが、二〇〇五年ないし二〇〇六年にドルが急落することを予想した。

また、一次産品や食料の価格高騰により、経済活動の減速を予想する者も現われた。問題は公的債務ではなく、民間債務であることを見抜いた専門家は稀であり、最貧層の住宅ローンが危機の発端になるであろうと見抜いた者は、さらに稀であった。だが、これをズバリ見抜いた者も、きわめて少数ながら存在した。

ベルギーで人類学者として活躍し、その後にカリフォルニアで銀行家となったポール・ジョリオン▼は、金融危機を予測した本を執筆した先駆者の一人であるが、彼は、次のように回想している。

「二〇〇三年、われわれは、サンフランシスコで『ウェルズ・ファーゴ』（投資銀行）に勤務する同僚たちと、予想される危機について議論をはじめた」。

二〇〇四年九月、モルガン・スタンレー・アジアの主席エコノミストのアンディー・ズィーが、「モルガン・スタンレー・グローバル・エコノミック・フォーラム」の席上で、初めて公《おおやけ》に生産過剰が予測されると述べた。また、アメリカ

▼ヌリエル・ルービニ 一九五八年、トルコ生まれ。IMFコンサルタント、米財務省顧問を経て、ニューヨーク大学スターン経営大学院教授。財務省では、ガイトナー（現財務長官）と同僚だった。

▼ポール・ジョリオン 著書『金融対経済——到来したサブプライム危機の本質を語る』（未訳）で、先駆的に金融危機を予測した。

連邦制度理事会★（ＦＲＢ）が不自然にマネーサプライを増やすことで、不動産バブルの形成を放置することがなければ、経済はすでにデフレとなっていたであろうとも述べた。彼曰く、経済調整は不可避であり、不動産バブルはこれを遅らせるだけで、調整の遅れは傷口を広げるのみであると述べた。彼は、デフレの兆候をバブルで退治すると、近い将来に、さらに強烈なデフレに見舞われるだけだと述べた。

二〇〇五年九月一〇日、シカゴ大学ビジネススクール大学院の主任研究者ラグラム・ラジャン▼は、金融仲介業者の人数を増やすことによって、金融システムのリスク引き受け能力は増すが、これは世界全体の資金バランスに大きな脅威をもたらすことになると記した。

二〇〇六年九月七日、国際通貨基金（ＩＭＦ）総会において、前述したヌリエル・ルービニは、原油高や金利上昇に関するリスクを語った後に、「かなり近い将来に、アメリカは深刻な景気後退に陥る危険性がある」とスピーチした。その理由として、自宅の資産価値から「銀行のＡＴＭ（現金自動預け払い機）を扱うかのように」現金を引き出すマイホーム・オナー（持家所有者）の常軌を逸した行動や、担保融資を証券化する金融機関の暴走により、金融システムは麻痺状態に陥る危険性があるからだと説明した。

▼ラグラム・ラジャン　国際通貨基金（ＩＭＦ）経済顧問兼調査局長。元シカゴ大学ビジネススクール教授。専門は、銀行論・金融システム論など。全米経済研究所の企業会計プログラムディレクターなどを務めた。邦訳書に、『セイヴィング・キャピタリズム』（共著、慶応大学出版会）がある。

ヌリエル・ルービニは、ヘッジファンド、投資銀行、連邦住宅金融抵当金庫（フレディ・マック）や連邦住宅抵当公庫（ファニー・メイ）などの大手金融機関の破綻が、間近であることを予告した。その後、彼はこのスピーチによって「ドクター・ドゥーム」（破滅を予言した男）と呼ばれカリスマ的存在となり、彼の発言は、すべて細かく分析され、市場に大きな影響力をおよぼすことになった。

二〇〇六年九月一一日、金融危機について著わした本『ブラック・スワン』で話題を呼んだ元トレーダー、ナーシム・ニコラス・タレブ▼は、ポートフォリオ管理に基づいた数理ファイナンス理論の創始者ハリー・マーコウィッツ▼を「詐欺師」だと攻撃して物議をかもした。タレブは、この著書で次のように述べている。「ファニー・メイ（連邦住宅抵当公庫）は、一触即発の状態にある」。

彼の予測を聞き入れたごくわずかな投資家は、不動産価格の下落に賭けて大儲けをした。二〇〇七年、「ポールソン・ファンド」は、三七億ドルの利益を上げたのである。

▼ナーシム・ニコラス・タレブ 『ブラック・スワン』は、世界的なベストセラーとなった（邦訳：ダイヤモンド社）。「ブラック・スワン」（黒い白鳥）とは、予測不可能なインパクトが強大な出来事となることで、その原因は〝後知恵〟でしか解釈されていないとする。通常、自然科学や経済学で確率を考える場合、ほとんど正規分布を仮定するが、しかし実際に世界を動かしているのは、そういう伝統的な確率論で予測できない極端な出来事である「ブラック・スワン」だという。そして、金融工学を、観念的で役に立たない「プラトン的モデル」であると一蹴し、一九八九年の暴落を例にあげてポートフォリオ理論のマーコウィッツやシャープを「詐欺師」と攻撃し、ヘッジファンドLTCMの破綻を例にあげて、ノーベル賞経済学者ロ

10……なぜ多くの人々が、危機感を抱かなかったのか？

「ポジティブ・アティチュード」「ポジティブ・シンキング」というイデオロギー

危機に陥る前に、何らかの手段を講じることのできた人々にとって、金融経済のバブル状態は、ある意味で居心地が良かったのである。

政治家は、経済成長によって選挙民を満足させることができた。ローンを組んだ庶民は、自らの返済能力を上回る住宅を手に入れることができた。銀行・格付け機関★・金融業者・信用補完会社は、創造される富とは無関係に、法外な手数料を稼ぐことができた。そこで唯一失われたのは〝未来〟であった。というのは、未来には発言権がなかったからである。

こうした状況を懸念する人々の声を打ち消すために、ある信念というか、思想というか、ドグマというか、ある種の思い込みが流行した。いわいる「ポジティブ・アティチュード」（積極的な態度）などと言われるものである。これは、誠実に願いを込めて努力すれば、目的は必ずや達成できるのだ、とする自己暗示である。経済活動であれ、芸術であれ、スポーツであれ、よい成績を収めるには自

バート・マートンを非難している。他の邦訳書に、『まぐれ——投資家はなぜ、運を実力と勘違いするのか』（ダイヤモンド社）がある。

▼ハリー・マーコウィッツ　一九二七〜九〇年。「資産運用の安全性を高めるための一般理論形成」で、ノーベル経済学賞受賞。

信が必要であり、自らを信じて積極的な態度で臨んでいれば、おのずと最高の結果が得られるという信念である。この思い込みは世界中に広まった。二世紀にわたってすべてが可能であった国において、こうした思い込みが現実を変えられるという言葉の力に陶酔する病理は、イデオロギーと化した。

カルヴァン主義▼とともにはじまったプロテスタントの国アメリカは、貯蓄と勤労を重視したことから、神がアメリカ人を選び、アメリカ人に成功を約束したという考えに行き着いた。この思い上がった〝神の寵愛〟という信念が、ポジティブ・アティチュードに拍車をかけた。

〝よい就職先を得るための処方箋とは、楽観主義者になることだ〟と、誰もが信じはじめた。とくに、ここがきわめて重要なのだが、〝大惨事《カタストロフ》を心配するようでは、リーダーになる資格はない〟という考えが広まった。同様に、変動金利で住宅ローンを組む勇気をもつことは、住宅を取得する資産をもつことに等しいことになっていった。まずはアメリカの書店、つづいてヨーロッパ諸国や日本の書店でも、ビジネス書コーナーには「ポジティブ・シンキング」（前向きな思考）や「自己啓発」に関する刊行物であふれかえった。現実的視点からリーダーに危険の可能性を諭《さと》すことは、悲観主義と見なされた。

アメリカでは、「ポジティブ・シンキング」「自己啓発」のカリスマと呼ばれる

▼**カルヴァン主義**　一六世紀フランスの宗教改革者カルヴァンの神学、および、その影響下に形成されたプロテスタント教会の教説や思想。世俗内禁欲を説き、職業は神から与えられたものであるとし、富の蓄財を認めた。資本主義の成立に大きな役割を果たしたという、マックス・ウェーバーの説は著名。

人物が登場し、企業は彼らに大金を払って、楽観主義を社内制度にする依頼をしたのである。こうした企業では、社内の気分を高揚させるため、幹部向けにエキゾティックな旅行や豪華クルージングを用意したり、派手な社内イベントや講演会を実施した。楽観的になれない社員に対しては、楽観主義のトレーニングを受けさせたりした。「ポジティブ・シンキング」のカリスマたちは、自らの顧客で楽観主義によって最も成功した人物のリストを自慢げに公表したが、そのなかには、なんとリーマン・ブラザーズやメリルリンチの経営陣の名前がずらりと並んでいたのである！

この時期、経済は、とくにカリフォルニアでは順調に推移した。アメリカはインターネット関連の情報技術で偉業を成し遂げ、これが世界を変革しつづけていた。金融システムが原因となって、優秀な人材や資本の大部分が工業部門や研究部門から離れていくことに、誰も気づかなかった。

盛り上がっているパーティから立ち去ることは、きわめて難しい。譬《たと》えて言えば、その状況とは次のようなものであろう。巨大な会場でパーティが開かれている。パーティを楽しむ大勢の人々には、豪華なブュッフェや優雅な音楽を奏でるオーケストラしか目に入っていない。だが、会場の出口は一つしかない。誰もが何の不安も感じていない。ところが、超満員の会場で危険を察知した一部の者だけが、ダンスを踊りつづけながらも、出口付近に移動していく……。

別の譬《たと》え話で表現するのであれば、銀行強盗が、警察がまもなく現場に駆けつけるのを認識しながらも、金庫の前でぐずぐずしている。だが、自分だけは捕まらないと信じている……。

コカイン資本主義

金融危機とは、一見、関係なさそうであるが類似した現象がある。それは、麻薬コカインである。

世界中で、若年層を中心にコカイン常用者が増加している。だが、大人たちは、臆病にもこれを直視しようとはしない。コカインの価格が急落したとしても、コカイン産業の売上高は急増しており、年間推定生産量は一〇〇〇トンに達し、一〇〇〇億ドルの市場規模をもつ世界最大の産業の一つとなっている。

ヨーロッパ社会に五世紀以上も前に登場したコカインは、いつの時代でも現実から逃避したい人々によって常習されてきたが、今日の金融資本主義における競争激化や社会的格差拡大のなかで、コカインによって自らの理性を麻痺させようとする人々が急増している。

コカイン常用者の頭脳は、現実認識の能力を退化させた、ヴァーチャルな世界

▼**実際に市場関係者にコカイン常用者が存在する** 金融危機後、ロンドン・シティーの驚くべき実態を描いた暴露本が立て続けに出版されている。とく

に閉じこもったものへと変化していく。このいわば〝ヴァーチャル脳〟は、快感を毎日得なければ苦痛を感じてしまう上に、この快感を日増しにパワー・アップさせていく欲望から逃れられなくなる。やがて彼らは、道徳的拘束や国家の法律をいっさい理解しなくなる。彼らには限度も抑制もなくなる。自らを全知全能であると思い込み、すべての難題を解決できると考えるようになる。また、痛み、疲労、眠気、空腹にさえ無関心となる。自らを無敵と信じ込み、自分が下す判断は神のごとく完全無欠であると確信するようになるのである。

こうした麻薬常習者の世界は、金融の世界とそっくりだと思われる読者もいるだろう。両者とも、楽観主義とヴァーチャルのなかで、すべてが可能であると信じる人々の住処である。金融市場は、二四時間稼働する地球上で最も競争が激しい市場であり、熱病に冒《おか》されたような夢遊病者であるコカイン常習者の思考や行動の枠組みにすっぽりと当てはまる。したがって、実際に市場関係者にコカイン常用者が存在するとしても▼、また金融市場では多大なリスクが平気で無視されていたとしても、けっして驚きではないのである。

コカイン常用者のトレーダーが下す判断は支離滅裂となるが、彼らは自らの判断に疑問を感じることなどない。彼らは意味不明な投資に固執するかと思うと、次には悲観主義に取り憑かれ、うつ病やパラノイア、さらにはパニックに陥る。

▼に、六年にわたりトレーダーとして活躍したセス・フリードマンは、自身の体験をもとに、コカインで勢いをつけてトレーディングを行なう若い人々の姿を暴露し、「トレーディングは、他のギャンブルと同じように、中毒をもたらす」「毎日、トレーディングをしていると、現実感が失われ、お祭り気分に押し流される」「シティーは社会が生み出した怪物であり、人間の本性の最悪の部分を凝縮し、それを利用することで繁栄している。この事実を認めないかぎり、根本的な問題の理解は不可能である」と述べている。Seth Freedman. *Binge Trading: The Real Inside Story of Cash, Cocaine and Corruption in the City*, Penguin Books（『ビンジ・トレーディング――現金とコカインと腐敗、シティーの内実を暴く』）。

熱狂的で無分別、さらには自殺行為に近い非現実性という悪夢、つまりコカイン中毒の世界での出来事が、そっくりそのままグローバル金融市場で発生したのである。

11……バブルからパニックへ――サブプライム市場の急変

危機は足元にまで来ていた。

二〇〇五年の第一・四半期のアメリカの住宅着工数は減少した。第三・四半期には住宅販売が落ち込んだ。第四・四半期には販売価格も値崩れした。住宅の価値が下がりはじめたのである。

物件によっては、市場で売却する際の価値である担保評価額が、ローン残高よりも低いことが判明し、これらの証券化商品を「毒入り証券」として扱うようになった。

二〇〇六年の第一・四半期、サブプライム債務者★の延滞率が上昇した。同年八月、サブプライム・ローン★を扱う担保ローン会社の破綻がはじまった。だが、サブプライム・ローン★は、それでも継続した。二〇〇六年には、新規住宅ローンの四件に一件はサブプライム・ローン★であった。

2006～2007年　**金融マシーンが麻痺する**

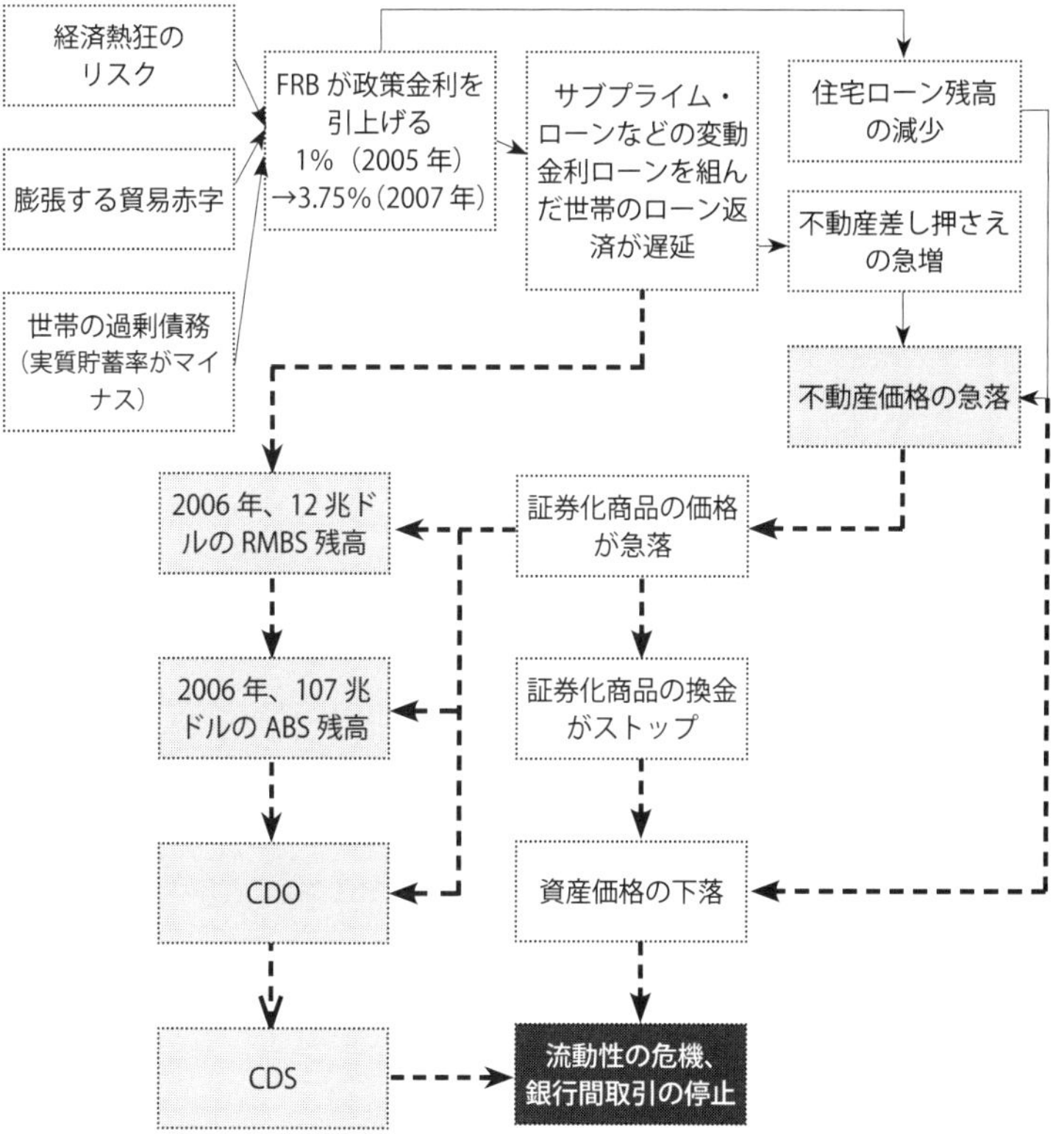

＊矢印は、実線（⟶）は直接的影響を、点線（- - ➤）は間接的影響を表わす。
また、線の太さは影響力の大きさを表わす。

しかし、ローン破綻は、サブプライム・ローン★だけに限ったことではなかった。二〇〇六年、経済・金融情報を配信する情報サービス会社ブルームバーグによると、二カ月以上延滞しているローンの一六%は、高級住宅向けローンであるオルトA・ローンであったという。また、アメリカ国民の一四%は、期日どおりに、きちんとローンを返済することに支障を感じている、と述べた。

社会は、借金漬けとなっていた。債務を返済することができなくなった借り手が増えた……。こういったときには、脅威を感じた各国政府が、事態の沈静化を図るために、「万事順調である」と宣言する。一般市民も、頭脳明晰な者は、政府のこうした発言から大惨事《カタストロフ》が迫っていることを悟る。大惨事《カタストロフ》を予見した者は、大慌てですべてを売り払う。「現金化」するために、こうした資産の叩き売りがはじまる。

この時点で、金融危機特有の連鎖反応がはじまる。瞬間的な恐怖によって、パニック状態が発生する。そして、パニックによって「出口」をめがけて殺到する人々のあいだで死者が発生する。しかしながら、パニックとは、恐怖のもととなった出来事自体とは別の要素で発生するものであり、まったく予見できないような過程で展開してゆくのである。

さらに、パニックを巧みにあやつる連中も出てくる。彼らは、もし企業の収益や株価指数にリンクした彼らのボーナスが吹き飛ぶようなことがあれば、世界は崩壊すると人々に信じ込ませ、パニックを煽るのである。

12……金融破綻までのカウントダウン
――ドキュメント：サブプライム危機／リーマンショック

現在の状況にまで至った連鎖を理解するためには、その過程を細かく検証することが必要である。

したがって、金融危機に至るまでには、日々、何が起こっていたのかを、この危機と直接関係のある人物だけを取り上げながら追ってみたい。

まず本章では、リーマン・ブラザーズの破綻までをクロノロジカル（時系列的）に記していく。それ以降、現在に至るまでは、第3章で展開する。

13……2007年

2月

人々の関心が、経済の急成長による食料価格や原油価格に対する影響にあったとき、新たな会計基準（「国際財務報告基準」▼ＩＦＲＳ）によって市場価格での資産評価▼が義務づけられた。銀行は、証券化した資産が自行のバランスシートから完全には取り除かれていないことに気づき、また証券化された資産は、法的理由から銀行のバランスシートにリスク資産として計上しなければならないことも理解した。つまり、銀行は債務について心配しはじめたのである。銀行が、バーゼル合意▼により、自己資本比率に基づいて貸出業務を行なわねばならないため、資産の時価評価は銀行経営を大きく左右した。

銀行は、バーゼル合意と国際財務報告基準（ＩＦＲＳ）（両方とも民間の機関が取り決めたものである）のコンビが仕掛けたワナに、はめられたのである。

6月

投資銀行ベアー・スターンズは、サブプライム★関連に投資した二つのヘッジファンド★の破綻を告げた。

7月

ローン返済に行き詰まった二〇〇万人のアメリカ人が、すでに自宅売却を余儀なくされていたが、レヴィー経済研究所のウィン・ゴッドリー▼は、「アメリカ世

▼**国際財務報告基準（ＩＦＲＳ）**　75頁の注を参照。

▼**市場価格での資産評価**　「値洗い（mark to market）」のこと。77頁の注参照。

▼**バーゼル合意**　「バーゼルI」のこと。70頁の注を参照。

▼**ウィン・ゴッドリー**　一九二六年生まれ。ケンブリッジ大学応用経済学名誉教授で、キングズカレッジのフェローや、「六賢人」と称される英国財務省アドバイザーなどを務める。アップステート・ニューヨークにあるバード大学のレヴィー付属経済研究所で、論陣を張ってきた。

帯の債務は、維持不可能である」と語った。国際決済銀行（ＢＩＳ）のエコノミスト、ビル・ホワイト▼もバーゼル銀行監督委員会において懸念を感じたというが、公の場では口をつぐんだ。

8月

アメリカの不動産価格が下落したことにより、サブプライム・ローン★の借り手のデフォルト（債務不履行）が増加した。財の差し押さえや投売りがはじまったことで、資産や関連する証券化商品の価格下落が加速した。

この時点で、金融危機はアメリカだけに限ったものではないという認識が芽生えた。というのは、サブプライム★関連商品はすでに「追跡不可能」となり、世界中に証券化商品としてばら撒かれていたからである。

8月10日（金曜日）

ポール・ジョリオン▼によると、「フランスの銀行ＢＮＰパリバが、警告を発した▼」。金融危機は、もはやアメリカの一部の貧しい借り手だけに限った現象ではないことが明らかになりはじめた。また、ヨーロッパの銀行の中には、財務基盤が弱く、アメリカの銀行よりも脆弱なものがあることも知れわたった。アメリカ

▼**ビル・ホワイト**　国際決済銀行（ＢＩＳ）のチーフ・エコノミスト。二〇〇八年六月に発表した年次報告書を最後にＢＩＳを退任したが、この報告書では、ＦＲＢを批判し金融危機を警告している。

▼**ポール・ジョリオン**　106頁の注を参照。

▼**警告を発した**　ＢＮＰパリバが、その傘下のヘッジファンドの資産を凍結したことを指す。

の銀行は、一ドルの預金ごとに九六セントの貸し出しを行なっているが、ヨーロッパの銀行は、一ユーロの預金に対して一・四ユーロの貸し出しを行なっていた！ ヨーロッパの銀行で、無理な融資を実行していなかったところでも、健全な銀行と思われていた銀行のイメージ・ダウンは大きく、また充分な自己資本をもたないことも判明してしまったのである。

9月13日（木曜日）

イギリスで五番目に大きい銀行であるノーザン・ロックは、イングランド銀行に支援を要請した。この新規参入のニューカッスルに拠点を置く地方銀行は（一九六五年、設立。一九九七年、ロンドン証券取引所に上場）、低利で比較的リスクの高い不動産ローンを専門としていた（アメリカのサブプライム・ローン★より、ややリスクが低いオルトA・ローンに相当する融資を手がけていた）。徐々に資金繰りが苦しくなったノーザン・ロックは、かなり遅れればせながら、イングランド銀行に対し、融資の保証をしてほしいと要請した。これによりノーザン・ロックの株価は七二％も下落し、店頭には預金払い戻しを求める顧客が殺到し、大幅に銀行の流動性が逼迫▼した。

同日、危機を予言したことでさらに評価の高まったヌリエル・ルービニ▼は、繰

▼**銀行の流動性が逼迫** ここでは、「流動性」とは現金のこと。つまり、銀行が保有する手元現金が減少したことを意味している。

▼**ヌリエル・ルービニ** 106頁の注を参照。

り返し次のように語った。

「アメリカの住宅が、銀行のATMであるかのように機能するかぎり、民間消費は、現実的な根拠もなく増加しつづけるであろう」。

9月14日（金曜日）

イングランド銀行は、ノーザン・ロックの破綻を回避するために、緊急融資に応じた。

イングランド銀行の総裁は、銀行を救済することに躊躇した。かたや連邦準備制度理事会の議長に就任したベン・バーナンキ▼は、その言を左右させることはなかった。一九二九年の大恐慌についての論文を書いたこともあるバーナンキは、中央銀行の役割とは、まずは自国民に対して奉仕することであり、アメリカ人にとって何よりも重要なのは、経済成長であると確信していた。バーナンキは、景気が後退するのを放置するつもりはなかった。しかしながら、どこまで対処できるのであろうか……。彼は、マネーの蛇口をひねることに躊躇した。

一方、ユーロを広く認知された国際的な準備通貨に仕立て上げた欧州中央銀行★（ECB）総裁ジャン＝クロード・トリシエ▼は、まったく躊躇しなかった。憤慨する彼の同僚たちの非難にもかかわらず、資金繰りが苦しいとこっそり打ち明け

▼ベン・バーナンキ　一九五三年生まれ。アメリカの経済学者。専門はマクロ経済学。インフレターゲット政策の論者として知られる。二〇〇六年、グリーンスパンの後を受けて、連邦準備制度理事会（FRB）議長に就任。

★欧州中央銀行（ECB）　巻末の「基本用語」を参照。

▼ジャン＝クロード・トリシエ　一九四二生まれ。一九九三年、フランス銀行総裁に、一九九八年、欧州中央銀行副総裁に就任し、二〇〇三年より欧州中央銀行総裁を務めている。

る銀行を助けるために、彼は発行通貨と引き換えに、有価証券を中央銀行で引き取る決断を下した。彼の判断のおかげで、世界の金融システムは救われ、これを受け、ＦＲＢ★も同様の行動をとった。

10月1日（月曜日）

ＵＢＳとシティグループは、サブプライム★関連商品で巨額な損失をこうむったと発表した。後日、アメリカやヨーロッパの他の銀行もサブプライム★関連の損失を公表した。各国中央銀行は、これらの金融機関の支援に乗り出した。

10月8日（月曜日）

ＵＢＳのエコノミスト、ジョージ・マグナスは、『フィナンシャル・タイムズ』紙に、「銀行の流動性▼が危機的状態にある。銀行の貸し渋りは、はじまったばかりだ」と書いた。

12月

連邦準備制度理事会★（ＦＲＢ）の元議長アラン・グリーンスパンは、これまで

★**連邦準備制度理事会（ＦＲＢ）**　巻末の「基本用語」を参照。

▼**流動性**　ここでは、資金または資金の流通のこと。

の自らの政策判断に対してまったく悔恨の情を示さないが、改めて、金利の引き下げは必要であったと発言した。彼によると、バブルとは「熱狂に対する人間の本性が如実に現われる事例」であり、これまでの例として「一七世紀のオランダにおけるチューリップをめぐる熱狂」を紹介した。

14……2008年

1月

連邦住宅金融抵当金庫（フレディ・マック）や連邦住宅抵当公庫（ファニー・メイ）をはじめとするアメリカの多くの金融機関★は、FRB★やアラブ首長国連邦・シンガポール・中国の政府系のファンドからの出資がなければ立ちゆかない状況となった。

1月22日（火曜日）

FRB★は、政策金利を〇・七五％引き下げ、三・五％とした。これは異例の下げ幅であった。一月末には株式市場は回復した。一方、ポール・ジョリオンは、クレディ・アグリコル、貯蓄銀行（Caisses d' épargne）、ナクティシスなどが危ないと述べた。ヌリエル・ルービニも、まだ誰も事態をきちんと把握していないと警鐘を鳴らしつづけた。

そして実際に、事態はまだきちんと把握されていなかったのである。

2月7日（木曜日）

ロンドンでは、ノーザン・ロックが国有化された。

3月4日（火曜日）

ウォール街では、投資銀行ベアー・スターンズが、デリバティブ★取引で一三兆四〇〇〇億ドルの損失を抱えて、破綻寸前であることが明らかになった。これは、一九九八年のロングターム・キャピタル・マネイジメント（ＬＴＣＭ）の破綻時よりも巨額である。ちなみに、一三・四兆ドルとは、アメリカのＧＤＰ▼を上回る想像を絶する額である！

3月11日（火曜日）

ＦＲＢ★は、一九二九年の大恐慌以来、これまで商業銀行だけに限っていたＦＲ

▼**アメリカのＧＤＰ** 二〇〇七年度の概算値は、一一・七兆ドル（実質）。

B★融資を、投資銀行であるベアー・スターンに対しても行なうと決定した。これは信じられない決定であった。というのは、この金融機関は、米証券取引委員会★（SEC）の監視下にあり、FRB★の管轄ではなかったからである。そのうえ、FRB★が財務状況もわからないままに、こうした金融機関の支援をかって出たからである！

3月14日（金曜日）

J・P・モルガンとFRB★は、ベアー・スターンズに破綻回避のための融資を実行した。

3月16日（日曜日）

J・P・モルガン・チェース銀行は、アメリカ財務省から二九〇億ドルの無担保融資を取り付け、一株二ドル（二月までは、九三ドルだった！）で、ベアー・スターンズを買収すると発表した。市場関係者は、自らの資金調達の失敗に、公的資金が投入されることを歓迎した。その翌日、ドイツ銀行のアナリストであるジム・リードは、次のように記している。

「現在、アメリカは破滅への心地よい道のりを歩んでいる。この心地よい歩みが

★米証券取引委員会（SEC）
巻末の「基本用語」を参照。

長くなればなるほど、ドルや生活レベルに対するショックは大きくなるであろう」。

3月24日(月曜日)

J・P・モルガンは、ベアー・スターンズの買収価格が安すぎるとの非難を受け、一株一〇ドル、総額一二億ドルに引き上げると申し出た。だが、どこからマネーを調達するのであろうか。

4月

このころには、ヌリエル・ルービニの発言は、投資家の行動を左右するまでになっていたが、彼は次のように記している。
「深刻な流動性の危機によって、未曾有の金融システム崩壊に至るリスクが予見される。連邦政府の介入が必要」。

金融関連の損失を、九四五〇億ドルと見積もった国際通貨基金（IMF）に対し、悲観的な見積もりであるとの批判の声が上がった。事態は、まだきちんと把握されていなかったのだ。

5月

ＦＲＢ★は、ローン機関に一五〇〇億ドル、商業銀行に一〇〇〇億ドルの融資を行なった。また同時に政府は、消費者に対する減税のために一六五〇億ドルを借り入れた。

6月30日（月曜日）

さらなる惨事が訪れた。世界最大の保険会社ＡＩＧは、自社の金融部門が、総額四四一〇億ドルの債務担保証券★（ＣＤＯ）を保証するクレジット・デフォルト・スワップ★（ＣＤＳ）を発行したと発表した。ＡＩＧの金融部門は、引当金を確保するために、投資銀行のように証券化商品のスワップ取引やヘッジ取引を頻繁に行なっていた。

ところで、こうしたＣＤＯ★は、格付けがＡＡＡであるとはいえ、おもに住宅ローン債権担保証券★（ＲＭＢＳ）に基づいていた。ＲＭＢＳ★には、六〇〇億ドルのサブプライム・ローン★が含まれていた。言い換えると、ＡＩＧは、きわめて投機的な証券化商品を抱えていたことを白状したということだ。このサブプライム・ローン★の証券化商品の価値は、さらに投機的なメカニズムによってしか保証されない。これは文字通りの時限爆弾であった！

7月7日（月曜日）～9日（水曜日）

しかしながら、その一週間後、日本の北海道洞爺湖で行なわれたＧ８主要国首脳会議では、地球温暖化、食糧危機、Ｇ13へと会議参加国メンバーを拡大することだけしか話し合われなかった……。

7月15日（火曜日）

景気後退の気配が感じられると、原油価格は一バレル当たり一七ドル下落した。こうした間にも、サブプライム・ローン★の証券化に関する噂は、引きつづき飛び交った。七月に、住宅ローン機関である連邦住宅金融抵当金庫（フレディ・マック）や連邦住宅抵当公庫（ファニー・メイ）は、一・五兆ドルの債務を返済できない恐れがあると発表した。とくにアジアの金融機関などの多くの金融機関は、破綻するはずがないと思われていたこの二社の発行する証券に投資していた。悲痛な面持ちのポールソン米財務長官は、フレディ・マックやファニー・メイに対する財政支援に応じるつもりだと発表した。彼は、あれこれ周囲から指図されることが大嫌いなのである。

8月

自動車ローンをはじめとする消費者ローンが減少した。欧州中央銀行★（ECB）、さらには連邦準備制度理事会★（FRB）も、銀行を救済するために事前調査なしで、可能なかぎり銀行の保有する証券を引き取った。

9月6日（土曜日）

今度は、名門投資会社リーマン・ブラザーズが、二〇〇〇億ドルの資本増強を必要としていることが明らかとなった。リーマンには六一三〇億ドルの債務があり、保有資産のうち、少なくとも八五〇億ドルが「毒入り証券」であり、そのうち五七〇億ドルがサブプライム関連であることを白状した。証券化商品が収益を生まなくなったことから、リーマンは、九カ月の間に一八〇億ドルの損失をこうむったのである。

米財務省では、リーマン、AIG、モルガン・スタンレー（これから経営危機に突入することになる）などに救済金を投入することに、誰もが難色を示した。ポールソン米財務長官は、ウォール街の失態を、すべて連邦予算でカバーすることはないことを、今こそ示す時であると考えた!

しかしながら、リーマンを破綻に追いやることの危険性は、誰もが承知していた。リーマンが破綻すれば、リーマンのCDO★やCDS★といった証券化商品の評価価格は、きわめて低いものになるであろう。そうするとすぐに、国際財務報告基準(IFRS)の新しい会計基準に従って、他のすべての金融機関は、自らの資産を再評価しなければならなくなる。これは、彼らの株式市場における企業価値を下げ、またバーゼル合意を遵守するために、貸し出し能力を減じることにもなるであろう。

こうした脅威を前にしても、FRB★と米財務省は、銀行が自らの負担でリーマンを救済するべきであると確信していた。ウォール街とワシントンの間で、ポーカー・ゲームがはじまったのである。

9月7日(日曜日)

リーマンの巨額損失が明らかになった翌日、米財務省は、連邦住宅金融抵当金庫(フレディ・マック)と連邦住宅抵当公庫(ファニー・メイ)を、政府の管理化に置くことを余儀なくされた。

9月12日（金曜日）〜14日（日曜日）

だが、ポールソン米財務長官は、このポーカー・ゲームには勝つつもりでいた。一二日（金曜日）から一四日（日曜日）の週末において、ウォール街の銀行筋は、リーマンの不良資産を、大手銀行が七〇〇億を出資して設立する「バッド・バンク▼」に隔離して、残りの資産はバークレイズとバンク・オブ・アメリカが買収して「グッド・バンク▼」を設立するという、用意周到な救済プランをまとめ上げた。誰もが、これでいけると考えた。

一二日（金曜日）の朝、『フィナンシャル・タイムズ』紙の論説委員は、次のように書いている。

「政府当局は身を引くときだ。〔……〕現在までに行なってきたことで、充分であろう」。

9月15日（月曜日）

しかしながら、最終的に一五日（月曜日）の朝、ウォール街の銀行筋は、ポールソン米財務長官は公的資金の注入を決断するはずだと確信し、実行に移すには複雑すぎるとして、「バッド・バンク」による救済プランを放棄した。しかしな

▼**バッド・バンク**　公的資金を用いて金融機関の不良資産を買い取る、資産管理会社のこと。日本では「整理回収機構」がこれに当たる。

▼**グッド・バンク**　文字通り、健全な銀行のこと。

がら、財務長官は譲歩せず、激怒して公的介入を拒んだ。

同日、リーマンは「連邦破産法一一条」▼に基づく会社更生法手続きの適用を申請した。これは選択できるなかで、最悪の結果であった。リーマンの破綻で世界の金融システムは、数日間にわたって危機の中をさまようことになるのである。

FRB★は、問題がデリバティブ★市場にまで波及しないか懸念したが、パニックが発生したのは、短期金融市場であった。リーマン・ショックがおよぼす正確な影響を推し測ることができない銀行は、貸し渋りをはじめた。銀行間取引市場は消え失せた。銀行間取引市場の主要な金利であるライボー（LIBOR，ロンドン銀行間出し手レート）は、数百ポイントも跳ね上がった（一ポイント＝〇・〇一％）。

さらに同日、リーマン破綻により、すでに経営危機にあった世界最大の保険会社AIGは、リーマンの債務保証を行なっていたことから、損失が三〇〇億ドルに達し、さらにフレディ・マックとファニー・メイの国有化にともなう株式の評価損六億ドルも加わった。この週には、シンジケート・ローン▼（協調融資）の一件も決まらなかった。企業の長期資金調達が途絶えた。

格付け機関★は、これまでに犯した数々の過ちの火消しに必死だったが、AIGの保証機関としての脆弱性を補うために、AIGに対して、ただちに一三〇億ドルの担保金、いわば「マージン・コール」を要求した。AIGは、流動性の危機

▼連邦破産法一一条　いわゆる「チャプター・イレブン」（chapter 11）。再建型倒産処理手続を規定する法律であり、債務者自らが債務整理案を作成できる点で、日本における民事再生法に相当する。

▼シンジケート・ローン（協調融資）　同一の借入者に対し、複数の金融機関が協調融資団を形成し、同一の条件の下で融資を行なうこと。

に陥った。ＡＩＧの株価は、九五％も下落した（一株＝一・二五ドル）。

9月16日（火曜日）

リーマン破綻の翌日、ポールソン米財務長官は、今後、リーマンの時の過ちを繰り返すまいと思ったが、不幸なことに、彼の周囲には、ゴールドマン・サックスの連中を除いて優秀なスタッフが存在しなかった。彼は、ＡＩＧ救済のためにゴールドマン・サックスとＪ・Ｐ・モルガンに頼んで、七五〇億ドルのシンジケート・ローンをまとめ上げるコンソーシアムの代表となってもらう構想をもっていたが、これは不調に終わった。

そうなると、ＡＩＧに残された選択肢は、新たな破綻か、国有化となった。ポールソン米財務長官は、ＡＩＧをリーマンと同じ運命に追い込みたくなかった。そこでＦＲＢ★が、はじめてノンバンクであるＡＩＧに融資したのである。ＦＲＢ★はＡＩＧの全資産を担保に八五〇億ドルの融資を実行した。この際、ＡＩＧに対して懲罰的な返済利息を課し、できるだけ早期の返済を促した。これは、まさに大転換であった。融資後には、連邦政府はＡＩＧの全株式の七九・九％を取得することになった。世界最大の保険会社でアメリカ最高峰の企業が国有化されたことに、誰もが唖然とした。ポールソン米財務長官は、経営陣の人事権も握った。

その翌日、彼は、日本企業やイギリス企業がゴールドマン・サックスやモルガン・スタンレーを買収するのを阻止するために、駆けずり回る羽目に陥った！

同じ時期、ロンドンにおいても状況は深刻であったが、危機への対応はかなり異なった。イギリスでは、シティー（ロンドン金融市場）に分散していた専門家をイギリス財務省に呼び寄せた。専門家たちは、シティーおよびそのケタ外れの金融利得者だけを救済することを目的とする計画に着手した。この計画には、アメリカの失敗からの教訓が織り込まれていた。すなわち、ノーザン・ロックの時に経験したように、銀行を破綻させることなど論外であった。また、リーマン救済案のときのように、不良資産を隔離することも論外であった。融資が本当に企業をファイナンスするために利用されているのかを確認することなしに、国が公的資金を注入することも論外であった。最後に、救済先の取締役会の議席を取得することなしに、融資することも論外であった。

9月25日（木曜日）

ドイツの財務大臣ペール・シュタインブリュックは、超大国としてのアメリカの役割は終焉した、と勝ち誇ったように宣言した。だが、その一〇日後、シュタインブリュックは、ハイポ・リアル・エステート▼の救済案の準備に追われる羽目

▼**ハイポ・リアル・エステート**
ドイツの中堅銀行。不動産金融を中心とする。二〇〇八年一〇月五日、ドイツ政府による五〇〇億ユーロ以上の緊急支援が発表された。

になったのである……。

＊

この九月は、まさしく大変動の月となった。

リーマンが破綻し、破綻寸前のベアー・スターンズとメリルリンチが買収された。ゴールドマン・サックスとモルガン・スタンレーには、ぎりぎりのところで融資が実行され、ＡＩＧは国有化された。

そして、今回もまた、これで誰もが危機を脱したと思った。アメリカ政府は、債務残高を増やしながら、すべてをファイナンスしたが、格付け機関★によるアメリカ政府のグレードは、最も返済が確実な借り手に与えられるＡＡＡであった。

融資が返済されない場合の保証であるクレジット・デフォルト・スワップ★（ＣＤＳ）の市場では、低位安定していたアメリカの債務不履行の可能性は、六カ月の間に二倍になった。またしてもＣＤＳ★により、危機ははじまったばかりであることが示されたのである。

第３章

資本主義が消滅しそうになった日

ドキュメント：世界金融危機

1……2008年

9月末ごろ

事態は、まったく何の改善の兆しもなかった。これまでのいかなる努力によっても、信頼が回復することはなかった。連邦準備制度理事会★（FRB）による銀行救済、金融機関の破綻、サブプライム・ローン★の保有者に対する税制優遇措置などによっても、いっこうに事態は改善しなかった。こうした状況はアメリカのみならず、他の地域でも同様であった。

世界中で、銀行の顧客は疑問を抱き、貸し手は投機的なファンドから資金を回収した。銀行預金の安全性さえ疑う者も現われた。アメリカ企業は、銀行の貸し渋りがさらに加速したと感じた。企業の株式での資産運用は、大きな損害をこうむった。アメリカ経済は、世界中を道連れにして窒息寸前であった。

9月26日（金曜日）

★連邦準備制度理事会（FRB） 巻末の「基本用語」を参照。

★サブプライム・ローン 巻末の「基本用語」を参照。

銀行筋の圧力から、ブッシュ政権はこれまでの信条を曲げ、ついに重い腰を上げた。ポールソン米財務長官は、銀行から不良債務を、彼の裁量で決定できる「適正価格」で買い上げると述べた。これは、数週間前のリーマン・ブラザーズ破綻の時に構想され、そして却下された救済策である、不良資産の隔離案であった。

アメリカ連邦議会上院では批判が続出した。まずは、左派からの批判である。「不良」債務と「健全な」債務を、どうやって区分するのか。「適正価格」とはいったい何なのだ。ポールソン米財務長官は、ゴールドマン・サックスの元同僚や、ウォール街の銀行連中に、便宜を図りたいだけじゃないのか。これらの銀行は、国有化する価値があるのだろうか。あるいは、これらの銀行にきわめて厳しい規制を課すだけでよいのではないか。なぜ、将来の増税につながる国の債務を、さらに増やす必要があるのだろうか。政府の債務膨張は、ドルにとどめの一撃を与え、アメリカ人全員を破綻させる恐れがあるのではないか。このマネーを使って、仮にこのような巨額なマネーがあるとすればの話であるが、生活が破綻寸前の慎ましい世帯を支援するために利用したほうがよいのではないか。ルーズヴェルト政権の時代に行なったように、こうした世帯の債務を帳消しにしたら、どうであろうか……。

右派からも批判が出た。

なぜ国家が、民間部門の出来事に首を突っ込む必要があるのか。なぜ「カジノ資本主義」に公的資金を投じる必要があるのか。なぜ補助金まで支給して銀行の暴走を助長するのか。なぜ銀行に自らの力で問題を解決させようとしないのか。なぜ公的債務を膨張させ、公務員を増やし、増税しなければならないのか。こんな状況にわれわれを陥らせたのは銀行マンであるが、そんな奴らのボーナスを納税者に負担させるつもりか。

ポールソン米財務長官の救済案に反対する共和党の代表や上院議員の中には、公的支援策の代替案として、銀行自身の財源によって銀行間相互で保証を行なう基金の設立を提唱する者さえ現われた。

9月29日(月曜日)

ブッシュ政権のあらゆる努力にもかかわらず、米下院は、二二八票対二〇五票で、ポールソン米財務長官の救済案を否決した。銀行システムは生気を失った。パニックが頂点に達した。ウォール街では、ダウ平均株価が七七七ドルまで下落した。

この日、世界の金融システムは麻痺寸前となった。流動性の危機▼はヨーロッパ

▼**流動性の危機** ここでは、「流動性」とは資金のこと。つまり、短期金融市場への資金供給が急速に減少し、金融機関や企業の資金繰りが困難に陥ったことを意味している。

やアジアにも広がり、シンガポール・香港・シドニーでは、一カ月から三カ月の短期金利が急上昇した。日銀のオペ金利は上昇し、日銀はドル資金供給枠の拡大を決めた。

この二九日の夜から三〇日にかけて、ヨーロッパの銀行は、欧州中央銀行★から一五五億ユーロの融資を取り付ける。

9月30日(火曜日)

この日、金融危機は拡大した。銀行は、自身のドル流動性の確保に躍起になったことから、市場のマネーはほぼ枯渇した。ヘッジファンド★は、銀行株に大量の空売りを浴びせかけ、銀行の凋落を速めた。彼らは銀行株の下落を当て込んで、銀行株を軒並み安値とし、銀行家を谷底へ突き落とした。財務状況がまったく健全な企業でさえ、短期借り入れに支障をきたした。ヨーロッパにおいても、すべての銀行は脅威にさらされた。

こうした状況を受け、各国の中央銀行は大量の流動性を市場に供給した。これまで投資銀行を管理する必要のなかったFRB★は、投資銀行の損失に対して個別に融資対応することになった。特別枠のディスカウント・ウィンドウ（連銀貸し出し）は、三〇〇〇億ドルから四五〇〇億ドルにまでになった。欧州中央銀行★や

★欧州中央銀行　巻末の「基本用語」を参照。

★ヘッジファンド　巻末の「基本用語」を参照。

日銀のドル供給も倍増した。

同日、オーストラリアの中央銀行は、他の中央銀行にならい、証券を買い上げて、自国の銀行に一六億ドルを供給した。こうした操作にもかかわらず、短期金利はロンドンで一〇%にまで跳ね上がり、金融取引額は大きく縮小した。

また、この日、格付け機関★フィッチは、遅まきながら厳格性を掲げることにより、過去の目くらましな格付けを忘れてもらおうと、アメリカの保険会社ハートフォード・フィナンシャルの格付けを引き下げた。ハートフォード・フィナンシャルは、リーマンの破綻やＡＩＧの国有化といった一連の損失の犠牲者であった。この新たな格付けにより、ハートフォード・フィナンシャルの株価は一八%も下落した。そして翌日、保険会社メトロポリタン・ライフとジェンワース・フィナンシャルの二社の株価も下落した。

早急に対策を打たなければならないことは、誰の目にも明らかだった。アメリカ政府は、信頼を回復するために損失の穴埋めをする役割を引き受けなければならなくなった。ポールソン米財務長官の救済案は、イギリス首相ゴードン・ブラウンがロンドンでまとめ上げた五〇〇〇億ドルの銀行救済モデルに基づいて書き直された。「不良債務」を分離することは、棚上げとなったのだ！

ポールソン米財務長官は、米議会に対し、銀行などの金融機関に対して米財務

★格付け機関 巻末の「基本用語」を参照。

省が不良債務に七〇〇〇億ドルの保証をつけることを提案した。そのうち、不動産関連の金融保証は二五〇〇億ドルであった。さらに、銀行債務に一兆五〇〇〇億、預金口座に五〇〇〇億ドルの保証を行なう準備があると述べた。ポールソンは、議会の頑固者を説得するにあたり、米財務省は債務保証の区分けについて議会の承認を再度要求することとした。ヘッジファンドに対する支援は、何も語られなかった。

ポールソンは、こうした措置を実行に移すために、「不良資産救済プログラム▼」（TARP）の設立を提案した。TARPは「金融安定化事務局」により管理され、不動産担保証券、地方銀行の住宅ローン、不良資産に対する保証商品の買い取りを組織することとした。これは、またしても不良債権を一括して分離する「バッド・バンク▼」構想であった。TARPは、資本が必要な銀行や企業の資本を再構成する資金を供給する。これは、過剰債務を負った世帯に対する支援策でもあった。

ポールソンの救済案には、いくつかの条件があった。経営陣の報酬に限度枠を設けること、支援先企業の取締役会へ政府関係者を参加させること、注入された資本は将来の収益で返済すること、である。

しかし、米上院は躊躇した。議員の多くは、この提案が社会主義とそっくりで

▼不良資産救済プログラム（TARP）　米財務長官の権限により、「財務省国内金融局」の下に「金融安定化事務局」を作り、そこを通じて不良資産買い取りを行なうという救済プログラム。七〇〇〇億ドルの公的資金枠を計上している。

▼バッド・バンク　131頁の注を参照。

あることに心底驚いた。だが、他の議員が発した議題は、金融危機とはまったく関係のないものであった。プエルトリコやヴァージン諸島のラム酒に対する特恵税率適用の延長、自動車サーキット場の七年間にわたる債務償却の可能性、外国の毛織物製品の輸入に対する移転価格税制などについてであった……。

10月3日（金曜日）

米上院は、ポールソン米財務長官の救済案を可決した（賛成七四票／反対二五票）。しかし、下院の承認を得ることが必要であるが、これに手間取った。週末にかけて、事態はさらに悪化した。数社の大手企業は、運転資金がショートしたことから、破綻寸前にまで追い込まれた。カリフォルニア州のように七〇億ドルの緊急の支払いに迫られた自治体も現われた。二〇〇七年八月に金融危機が勃発して以来、すべてが混乱状態となった。一九二九年の大恐慌時の亡霊が、よみがえったかのようであった。

10月4日（土曜日）

フランス大統領サルコジが、ＥＵの臨時大統領役を買って出たことによって、彼のリーダシップにより、フランス・ドイツ・イタリア・イギリスの指導者が、パリに集まった。会議では、銀行に対して政府保証を供与することや、政府の財政赤字に対するEUの拘束を緩和することで、大方の合意が得られたが、大きな成果はなかった。危機回避のために〝ヨーロッパ基金〟が設立されることはなかったのである。銀行救済は、国ごとに行なうことになった。

この日の夜には、他国の損失まで負担したくないため、こうしたリスクの共有化を拒否していたドイツの首相は、最も苦しむことになるのが他でもない自国の銀行であることを認識した。ハイポ・リアル・エステートの危機▼により、ドイツ政府は五〇〇億ユーロ以上の救済資金が必要となったのである。

ヨーロッパの金融関係者は、この会議の結果に落胆した。そして金利は上昇した（ポンド融資の金利であるライボーやユーロ融資のユーリボー）。銀行は、六月の五倍に相当する一一%の金利を払うことになった。今後も、各国の財務省や中央銀行だけが、貨幣市場に流動性を供給することになった。この危機のきわめて異常な段階において、欧州中央銀行★の総裁、そしてEU議長国であるフランスの大統領の冷静な対応が、大きな役割を演じたと言える。

10月6日（月曜日）

世界金融パニックを受け、米下院は、ポールソン米財務長官の救済案を賛成多

▼ハイポ・リアル・エステートの危機 134頁の注を参照。

数で可決した（賛成二六三票、反対一七一票）。だが、市場の信頼が回復することはなかった。救済案はあまりにも規模が小さく、また打ち出すのが遅すぎたと、誰もが感じた。「連邦預金保険公社」▼（FDIC）は、破綻寸前の銀行を支援するために米財務省からほぼ無制限の融資を受けることができるが、FDICは、こうした破綻寸前の銀行に対して行なわれた融資が、きちんと利用されているかを管理できる人材がいない、と述べた。

ポールソンの救済案が実行段階に入り、融資が実行されはじめた。二五〇〇億ドルが、九つの主要な銀行へ強制的に注入された。AIGの救済のために、おそらくリーマン関連のCDS★を買い上げる費用として一二三〇億ドルが投じられた。銀行間取引は、まだ麻痺状態であった。

10月7日（火曜日）

国際通貨基金（IMF）は、世界全体での損失は、三月には〇・九兆ドルであったのが、今や一・四兆ドルになったと推定した。

10月8日（水曜日）

この日、多くのヨーロッパの銀行が危機にさらされ、その日のうちに数行が国

▼連邦預金保険公社（FDIC） 一九三三年の「グラス＝スティーガル法」（55頁の注参照）に基づき設立された、連邦政府の公社。預金保険加入銀行を対象として、銀行が破綻した際に預金者一人あたり10万ドルまでの普通預金・当座預金を補償する預金保険を提供する。

★CDS クレジット・デフォルト・スワップ。巻末の「基本用語」を参照。

有化された。イギリスが、ブラッドフォード&ビングレイを国有化した。ベルギー政府とルクセンブルク政府が、ＢＮＰパリバに出資し、アメリカ発の危機をまともに受けてしまったフォルティスのベルギー所有部分の七五%が、ＢＮＰパリバによって買収された。アイルランドは、四〇〇〇億ユーロの債務ならびに預金の保護を発表した。

同日、イギリスのゴードン・ブラウン首相は、三週間かけて練り上げた銀行救済策を発表した。その内容は、銀行に対する債務保証、ならびに銀行の資本用途の厳格な管理をともなう多額の公的資金注入であった。

10月9日（木曜日）

アメリカ政府は、今や底なし沼と化した債務を抱えるＡＩＧに対し、三七八億ドルの追加融資を発表した。

この日、ヌリエル・ルービニ▼は、世界の金融システムが崩壊する日は近いと発言した。アイスランドやハンガリーといった財政赤字や対外債務が大きい国からは、ヘッジファンド★が資金を引き上げた。それによって、こうした国々の株式市場は崩壊した。イタリアのマネーを集めるための金利（国債の利回り）は、ドイツよりも一%以上高くなった。この国債の金利格差は、六カ月前の段階ではこの

▼**ヌリエル・ルービニ**　106頁の注を参照。

三分の一であった。中国では、不動産市場の値崩れを示す兆候が現われ、工場の閉鎖が相次いだ。また中国企業は、西側諸国市場への販路が失われたことに気づいた。

アメリカでは、すでに信用が失墜してしまった信用補完を業務とするモノライン保険会社★（Ambac や MBIA など）は、惨憺たる収支報告を発表した。彼らの損失は一年間で約七倍に膨れ上がった。ポールソン米財務長官の救済案に残された四五〇〇億ドルのうち、そのかなりの部分を、モノライン各社や、GEフィナンシャル・サービスといった消費者ローン会社の救済のために拠出しなければならなくなった。

10月11日（土曜日）

一週間前の一〇月四日（土曜日）に、四カ国（フランス・ドイツ・イタリア・イギリス）の指導者がパリに集まり金融対策の会議をもったが、この日は、さらにEUにある四つの機関（欧州理事会・欧州委員会・欧州中央銀行・ユーロ圏財務相会合〔ユーロ・グループ〕）の代表も加わり、フランス大統領サルコジの発意により、パリで会議が開かれた。

会議では、イギリスの救済案をモデルとした協調介入について話し合われた。

★モノライン保険会社　巻末の「基本用語」を参照。

話し合いの具体的内容は、二〇〇九年末までに発生するすべての債務に対して国の保証を付与すること。必要であれば銀行に公的資金を注入すること。銀行の貸し渋りを防ぐためには、資産価値を維持することが必要となることから、かつての旧会計制度に戻すことであった。

結果的に、ヨーロッパは一・七兆ユーロの保証を行なうことになり、そのうち八四〇〇億ユーロがドイツとフランスの負担となった。総額一・七兆ユーロの大部分は債務保証であり、銀行への資本注入は二五〇〇億ユーロであった。

一方、フランスは一〇月一三日、三六〇〇億ユーロの拠出を表明し、このうち四〇〇〇億ユーロが銀行への資本注入分であり、残りの三二〇〇億ユーロが銀行の債務保証に充てられた。

しかしながら、危機脱出とはほど遠い状態であった。というのは、欧州委員会や欧州投資銀行▼（ＥＩＢ）が危機回避に乗り出すこともなく、ＥＵで特別予算が組まれることもなかったからである。つまり、必要とされる付帯的措置は、いっさい打ち出されなかったのである。

10月18日（土曜日）

ワシントンでは、ブッシュ大統領、ＥＵの議長国であるフランスのサルコジ大

▼**欧州投資銀行（EIB）** EU（欧州連合）の政策金融機関。

統領、欧州委員会のバローソ委員長は、銀行などの金融機関に対し、流動性を供給すると同時に、すべての資産に対して一時的な保証を付与するという意向を示した。また、企業に対してはコマーシャル・ペーパー▼を買い上げることで信用を供与し、すべてのアメリカ産「毒入り証券」を、明確な基準や透明性のある価格評価にしたがって買い上げることを約束した。

さらに、新興国に信用供与するために国際通貨基金（ＩＭＦ）や世界銀行を利用し、金融緩和政策を実行すると表明した。そして必要であれば、Ｇ20首脳会合▼を開く準備があると述べた。世界のＧＤＰの九〇％を占める国々が参加する非公式なフォーラムとなるＧ20金融サミットでは、最適な国際規制、格付け機関★による監視・管理体制、ヘッジファンド★、経営陣の報酬制度やタックス・ヘイブン（租税回避地）について話し合いを行なうことになった。

これらを提案したのは、つい一カ月前までは、政府の最良の行動とは何もしないことであり、規制緩和や市場の自由化こそが経済的・政治的成功のカギであると主張していた人物たちなのであり、その意味では、今回の提案は、きわめて大きな変化とも言えるかもしれない。しかしながら実際に、大きな進展が期待できるかどうかは、はなはだ疑問である。Ｇ20首脳国会議の第一回会合は、二〇〇八年一一月一五日にワシントンで行なわれ、第二回は二〇〇九年四月二日にイギリ

▼コマーシャル・ペーパー　主として信用力の高い大企業が、市場から短期資金を調達するために発行する、無担保の約束手形のこと。

▼G20首脳会合　「金融サミット」とも呼ばれる。参加者は、G7（アメリカ、イギリス、イタリア、カナダ、ドイツ、日本、フランス）、新興国一二カ国（アルゼンチン、オーストラリア、ブラジル、中国、インド、インドネシア、メキシコ、韓国、ロシア、サウジアラビア、南アフリカ、トルコ）、EUの二〇の国または地域、および国連、世界銀行、IMF、金融安定化フォーラム（FSF）などの国際機関だが、ASEA

スで開かれる予定となった。

10月21日（火曜日）

この日に予定されていた、破綻したリーマンのCDS★決済が懸念されていた。これらの当初の価格は四〇〇〇億ドルと推定されたが、これに波乱をきたすと、すべての銀行のバランスシート（貸借対照表）に大穴が開くことになる。しかし実際には、CDS★は、最も危険にさらされていたリーマン・ブラザーズの代わりに、FRB★のAIGに対する融資によって大部分が吸収されたことから、何も起こらなかった。だが、他のリーマン関連のCDS★は、銀行のバランスシートの隅にまだ潜んでいる……。

10月22日（水曜日）

この日、先物市場の取引が中断した。

10月23日（木曜日）

またしてもヌリエル・ルービニが、金融市場の取引中断の可能性を示唆した。
AIGは、すでに国から一二二八億ドルの融資を受けていたが、しかしそれ以上

N、アフリカ連合（AU）、アフリカ開発のための新パートナーシップ（NEPAD）なども出席している。

が必要であると発表した。

10月24日（金曜日）

ウォール街発の世界恐慌から七九年後のこの日、新たな〝暗黒の日〟が訪れた。ダウ平均株価指数は、三・五九％下落。パリ株式市場の平均株価指数であるCAC40は、心理的壁である三〇〇〇ポイントを割り込んだ後に、三・五四％下落した。東京株式市場も九・六％、ボンベイ市場も一一％下げた。

ロンドンでは、シティーの設備や金融商品がきわめて過剰な状態となり、まもなく銀行の必要性は減るであろうと、誰もが感じた。シティーの高給取りたちは、いったん解雇されると、昔の同僚たちから虫ケラ扱いにされた。

10月26日（日曜日）

破綻寸前のアイスランド政府は、ヘッジファンド★に大きく依存していた自国の主要銀行三行が破綻したことから、国際通貨基金（IMF）から二一億ドル（一七億ユーロ）の融資を受けることで合意した。ウクライナ・パキスタン・アルゼンチン・ハンガリーなど、財政困難に陥った国の数はさらに拡大した。

10月27日（月曜日）

流動性に対する要求は、相変わらずきわめて大きかった。資産を現金でもつ傾向が強まったため、企業は運転資金を確保することが困難になった。ＦＲＢ★は、最後の貸し手として、総額一・六兆ドルの不良資産となった債務証券を買い取った。

10月30日（木曜日）

ＡＩＧは米財務省に対して、またしても追加融資を仰ぐ羽目となった。ＡＩＧのＣＤＳ★の残高は、少なくとも四〇〇〇億ドルあることがわかった。保険会社がイカサマ保険を利用していたのだ！　ＡＩＧ救済案は、当初予定されていた融資期間よりも長期にわたり、金額も一二三〇億ドルから一五〇〇億ドルへと増額した。証券、ＣＤＳ★、ＲＭＢＳ★（住宅ローン債権担保証券）が、新たな「受け皿」に移し変えられた。

11月4日（火曜日）

またしても、多くの者が、危機のピークは過ぎ去ったと胸をなでおろした。パ

★ＲＭＢＳ（住宅ローン債権担保証券）　巻末の「基本用語」を参照。

リ株式市場の株価指数であるＣＡＣ40が、三七〇〇ポイントまで反発したからである（一〇月二七日には、三〇〇〇ポイントだった）。貨幣市場の金利は、急速に平常化した。原油価格は下落しつづけた（一〇月二一日のバレル当たり七三ドルから、一一月一〇日には六一ドルにまで下落した）。

しかし、これは束の間の停戦にすぎない。というのは、何も解決されていないからである。「毒入り証券」は、銀行のバランスシートに張り付いたままである。消費は冷え込み、ひたすら借金の返済に追われている。資産価値は下がる一方である。アメリカやヨーロッパでは、自動車産業が破綻寸前である。

11月9日（日曜日）

アメリカ大統領選でオバマが勝利してから一週間後のこの日、次回の首脳会合を準備するために、Ｇ20の財務大臣が集まった。中国は、自国の年間経済成長率が九％を下回った場合の、自国への社会的影響を懸念した。中国では、農村部からだけでも毎年三〇〇〇万人が都市部へと移動するが、経済成長率が年九％を下回ると、彼らに職をあてがうことが非常に困難になるからである。

中国は、自国のＧＤＰの一五％に相当する四兆元、五八六〇億ドルの景気刺激策を打ち出した。政策の内容は、二〇一〇年末までに、インフラ投資、農民からの穀物買い上げ、おもに農村部における中小企業支援、中産階級を対象とする減税措置を行なうというものである。中国は、さらに踏み込んだ経済政策を打ち出すことが可能であろう。というのは、中国の国家予算は、たとえ国の歳出を年率で三〇％増加させたとしても、依然として黒字であるからである。

11月10日(月曜日)

ＥＵ加盟国の財務大臣は、次に掲げる五つの原則に基づいた改革を提唱することで合意に達した。

一、格付け機関★に対する監査。これは、とくに格付け機関★による格付けが、「バーゼルⅡ」によって課せられた資本調達手段ごとに規定されたリスク量に影響し、ひいては銀行のバランスシートに影響することを考慮してのことである。
二、会計基準の統一。
三、金融市場関係者への報酬制限。
四、オフショア金融市場、租税回避の禁止。
五、国際通貨基金（ＩＭＦ）に信頼回復のために、大きな責務、ならびにそれに必要な財源を付与することであった。

同日、アメリカでは、状況は悪化しつづけていた。一〇月には、九月と同様に二四万人が新たに失業したと発表された。AIGはまたしても底なし沼と化した。アメリカ当局は、すでに一五〇〇億ドル以上の融資をAIGに行なっているのにもかかわらず、第三・四半期には、AIGは新たに二四五億ドルの損失を計上した。

同日、連邦住宅抵当公庫（ファニー・メイ）も、二〇〇八年の第三・四半期だけで二九〇億ドル以上の損失を新たに計上した。

11月12日（水曜日）

ポールソン米財務長官は、危機の張本人としてヨーロッパ諸国と中国を名指しで非難し、銀行の「不良資産」の買い上げを断念した！　彼は、銀行に直接融資できるように救済案を修正した。

11月14日（金曜日）

欧州委員会は、アメリカによる自国の自動車産業に対する財政支援を世界貿易機関（ＷＴＯ）に提訴する意向を示し、またＥＵ二七カ国の景気刺激策の調整を図ることを表明した。

11月15日（土曜日）

ワシントンで開かれたＧ20首脳会合では、何の進展も見られず、金融システム改革の議論は、次回会合（二〇〇九年四月、ロンドン、議長国イギリス）に持ち越された。つまり、解決策は、まったく打ち出されなかったのだ。金融システムは麻痺し、景気は停滞しはじめた。とくに金融規制などについて、各国はお互いに協調することなく国内改革案を打ち出した。各国の中央銀行だけが、銀行（アメリカでは企業に対しても）に融資しつづけている。二〇〇九年は、不況となるであろうと誰もが予想した。

ロンドンの金融街シティーでは、何件かの痛ましい出来事から、大手銀行は、金曜日に従業員を解雇しないように申し合わせた。というのは、金曜日に解雇を告げられた従業員は、週末に自殺するケースが多いからである。

11月18日（火曜日）

ベルギーの裁判所は、ＢＮＰパリバがフォルティスの株式の大半を取得することを認めた▼。

11月20日（木曜日）

パリ株式市場の株価指数CAC40は、心理的壁とされる三〇〇〇ポイントを下回って取引を終えた。これは、二〇〇三年五月以来、初めてである。一方、ウォール街では五年来の最安値で引けた。ニューヨーク商業取引所（NYMEX）では、原油価格がバレル当たり五〇ドルを割った。

11月21日（金曜日）

国際通貨基金（IMF）専務理事ドミニク・ストロス・カーンは、「今は、束縛のなかに閉じこもるべきではない」と述べた。彼は、財政赤字をGDPの三％以内に抑えるというEUの財政規律を、「小数点まで」遵守する必要はないと述べた。アルゼンチンは、破綻寸前の民間年金基金を国有化すると発表した。

11月24日（月曜日）

イギリスは、GDPの一％近くに相当する、二〇〇億ポンドの景気刺激策を発表した。アメリカ次期大統領バラク・オバマは、危機の「悪循環」を断ち切るた

▼BNPパリバがフォルティスの株式の大半を取得することを認めた　二〇〇九年二月一一日に開かれたフォルティスの株主総会において、ベルギー政府による国有化と、その後に銀行部門をBNPパリバに売却する救済案は反対多数で否決され、いったん固まった救済案は、白紙に戻った。

めの景気刺激策を「即座に」適用するように要請した。

11月26日（水曜日）

欧州委員会は、二〇〇〇億ユーロ規模の包括的な経済対策を提示した。

11月28日（金曜日）

一〇月のユーロ圏の失業率は、七・七％と発表された。

イギリス政府は、ロイヤル・バンク・オブ・スコットランド（ＲＢＳ）に公的資金を注入し、ＲＢＳの全株式のうち五七・九％を取得した。

12月1日（月曜日）

欧州委員長ジョゼ・マヌエル・バローゾは、欧州中央銀行★の追加利下げの「機は熟した」との見通しを示した。

12月4日（木曜日）

クレディ・スイスは、一九億五〇〇〇万ユーロの損失を発表し、五三〇〇人の人員削減（全従業員数の一一％に相当）を含むリストラに踏み切る予定だと発表した。欧州中央銀行★は、政策金利を過去最大の〇・七五ポイント引き下げて二・五〇%とし、ユーロ圏は二〇〇九年には景気が低迷すると予想した。また、イングランド銀行は、政策金利を一ポイント引き下げて、一九四〇年代のレベルである二%とした。

12月11日（木曜日）

四四〇万人のアメリカ人が失業に陥り、アメリカの失業率は、一九八二年以来、過去最高を記録したことが発表された。

12月12日（金曜日）

米上院は「自動車産業救済法案」を否決した。元ナスダック会長のバーナード・マドフ▼が、五〇〇億ドル以上にのぼる詐欺で逮捕された。アメリカの自動車メーカーのゼネラル・モーターズは、バランスシートの再編が必要であることを認めた。誰も破綻を止めることができない状態であった。

12月13日（土曜日）

アメリカで、二行の銀行が破綻した。

▼**バーナード・マドフ** 一九三八年生まれ。元ナスダック・ストック・マーケット会長のバーナード・マドフは、二〇〇八年一二月、五〇〇億ドルという史上最大のポンジースキーム（ネズミ講）事件で逮捕された。

12月15日（月曜日）

フランスで、数行の銀行が、マドフの詐欺に引っかかっていたことが判明した。

12月17日（水曜日）

ＦＲＢは、政策金利を、史上最低の〇％から〇・二五％のあいだに引き下げた。

12月20日（土曜日）

ジョージ・Ｗ・ブッシュ大統領は、これまで乗り気でなかったが、やっと米自動車大手企業への一七四億ドルの連邦政府の救済案を発表し、米自動車産業は「日増しに強まる危機」から脱出できるであろうとの見通しを述べた。

12月30日（火曜日）

東京では、日経平均株価の二〇〇八年の年間下落率が、史上最大のマイナス四二・一二％を記録した。また、フランクフルト株式市場は四〇・四％、上海株式市場は六五％、パリ株式市場のＣＡＣ40は四二・六八％、ロンドン株式市場は三一・三三％の年間下落率を記録した。

2……2009年

1月2日（金曜日）

イングランド銀行は、政策金利を一六九四年の設立以来、最低の一・五％にまで下げた。次期米大統領バラク・オバマは、七七五〇億ドル規模の景気対策を提示した。

1月12日（月曜日）

ドイツの連立与党は、これまで先延ばしにされてきた五〇〇億ユーロ規模の景気対策を実施することで合意した。次期大統領のオバマに代わってジョージ・W・ブッシュは、米議会に対し、ポールソン財務長官による総額七〇〇〇億ドルの金融安定化基金の残り半分についても承認するように要求した。

各銀行は、年間を通じて赤字であると発表した。

1月16日（金曜日）

シティグループは一九〇億ドルの損失を表明し、会社を二分割すると述べた。

1月20日（火曜日）

ロイヤルバンク・オブ・スコットランド（ＲＢＳ）は、二〇〇八年度の損失を二八〇億ポンドと発表し、二〇〇九年初頭からＲＢＳの株価は七〇％も下落した。イングランド銀行は、企業に対する直接融資に乗り出した。

1月22日（木曜日）

イギリス・ポンドは、対ドルで、ほぼ二四年来の安値を記録した。

アメリカの知識経済を象徴する企業であるマイクロソフトは、二〇〇九年に五〇〇〇人近くのリストラ案を発表した。金融危機は、シリコンバレーにも広がったのである。

四日後にアメリカ財務長官に就任することになるティモシー・ガイトナーは、中国は自国の輸出を維持するために自国通貨を「操作」していると指摘し、「強いドル」への回帰を主張した。

「毒入り証券」を隔離すること（しかし、その方法論・規模・受け皿・価格については解決策はない）、また、銀行株に対する投機筋の動きを封じ込めることの必要性が、さらに明確になった。

1月23日(金曜日)

パリ株式市場のCAC40は、二〇〇八年の一一月二一日の終値をさらに下回る、二七八一ポイントで引けた。これは二〇〇三年四月の水準である。銀行株への懸念はつづいた。一月一九日から二三日にかけて、BNPパリバの株価は二八%下落した。

1月26日(月曜日)

この日だけで、ヨーロッパとアメリカで七万人が職を失った。

ニューヨーク連邦準備銀行総裁だったティモシー・ガイトナーが、オバマ新大統領によって、米財務長官に任命された。

2月9日(月曜日)

フランス政府は、フランスの自動車産業を救済するためにフランス自動車製造業に六〇億ユーロを貸し付けた。ルノー社とプジョー社は、フランス国内でのリストラ計画に着手することを見送った。

2月10日（火曜日）

新たに米財務長官となったガイトナーによって、金融安定化計画が発表された。この七八七〇億ドル規模の計画にはいくつかの目的があるが、融資活動の再開（とくに、官民でのCDO★という「結託型」証券化といった手段）、アメリカ不動産市場への支援、中小企業対策、同様に銀行の自己資本率をはじめとした財務基盤の強化などがある。

2月13日（金曜日）

二〇〇八年にはフランスの財政赤字が五六〇〇億ユーロに達した。というのは、歳入が一一〇億ユーロ減少した一方で（法人税収）、歳出は七〇億ユーロ以上増加したからである。二〇〇八年度第四・四半期のユーロ圏のGDPは、一・五％下落した。

2月22日（日曜日）

ベルリンでヨーロッパ代表団が行なったG20の準備会合の場で、金融市場と投機筋に対する規制枠強化の必要性が話し合われた。

★CDO　債務担保証券。巻末の「基本用語」を参照。

2月27日（金曜日）

ユーロ圏の失業率は、八・二％に達した。ユーロ圏には、一三〇〇万人以上の失業者が存在することになる。とくにイタリア・スペイン・アイルランドでは失業率が高い。ロイヤルバンク・オブ・スコットランドは、二七〇億ポンドの赤字を計上した。これは、イギリスの企業史上最大の赤字額である。二〇〇八年度第四・四半期のアメリカのGDPは、当初の予想よりも下げ幅が大きく、六・二％下落した。

3月3日（火曜日）

東京株式市場は、二六年来の安値で引けた。これは世界の主要な株式市場の高値回復の発端となる。その後、主要株式市場は六週間でおよそ二〇％上昇する。

3月10日（火曜日）

IMF専務理事のドミニク・ストロス・カーンによると、IMFでは今年の世界の経済成長率はゼロ以下になると予想しているという。これは第二次世界大戦後、最悪の成長率である。

3月14日（土曜日）

「G20は、大手金融機関の保護、国際金融システムの正常化、融資再開のために〝必要となるすべての措置〟を打ち出すであろう」と、イギリス財務大臣アリスター・ダーリングが宣言。

3月15日（日曜日）

一七三〇億ドルもの公的資金注入を受けたアメリカの保険会社AIGの金融商品部門に対して、四億五〇〇〇万ドル近くのボーナスが支給されると『ニューヨーク・タイムズ』紙が報道。

3月22日（日曜日）

二〇〇九年度のアメリカの財政赤字は、およそ一兆八〇〇〇万ドルと予想され、これは、ほぼフランスあるいはイギリスのGDPに匹敵する規模である。

4月2日（木曜日）

ロンドンで開催された「G20金融サミット」では、市場の信用回復、世界経済の破綻回避のために、国家が積極的に介入していく必要性が確認された。ＩＭＦの役割を強化することも話し合われた。一兆ドル近くが、さまざまな形で世界経済に注入されることになった。だが、アングロサクソンが利用するタックス・ヘイブン（租税回避地）や、銀行の自己資本の増強については、いかなる合意も得られなかった。

また、この日、アングロサクソン系の銀行のために会計基準が改正された。銀行は市場価格で自己資産を評価する必要がなくなったことから、銀行の自己資本の評価額は、大幅に改善された。

＊

サルコジ仏大統領は、規制強化のために、タックス・ヘイブンのリストアップ、格付け機関★、ヘッジファンド★、企業幹部や金融トレーダーの報酬の適宜監査、「経済安定化委員会」▼（ＦＳＢ）の設立（「経済安定化フォーラム」〔ＦＳＦ〕の改組）などを推進した。

オバマ米大統領は、大規模な景気刺激策を打ち出した。

中国やロシアは、ＩＭＦの改革、特別引き出し権▼（ＳＤＲ）の拡充する構想を打ち出した。途上国の代表者たちは、ＩＭＦの途上国向け融資枠を七五〇〇億ド

▼経済安定化委員会（FSB） 主要国の金融当局などで構成されていた「金融安定化フォーラム」（FSF）が、G20のうち既存メンバーでなかった国（中国・インド・ロシアなど一二カ国と欧州委員会）を新たに迎え

ルに拡大させた。また世界各国で、総額五兆ドルの景気刺激策が実施されることになった。
しかし、こうしたすべての努力は、空の彼方にハリケーンを巻き起こす暗雲を蓄積していくことになるのではないかと、筆者は懸念している。なぜならば、金融危機を解決するにあたって、金融危機をつくり出したのと同じ手段を用いようとしているからである。
以下、その例をいくつか列挙したい。

《五兆ドルの景気刺激策?》

世界のＧＤＰの一〇%に相当する規模の景気対策は、各種の融資の実行や通貨発行といったかたちで、その一部がすでに実行に移されている。だが、次の単純な問題を考えてみよう。いったい誰がこれを負担するのであろうか? 筆者には、ＩＭＦが所有する金《きん》の一部売却ぐらいしか、その財源がまったく見当たらない。さらに、この景気刺激策を完全に実行に移せば、物価は崩壊するであろう。債務を増加させながら債務危機を解決するなどということに、どうして期待できるだろうか。結局は、納税者の負担となるだけであろう。

入れ、「経済安定化委員会」(ＦＳＢ)へと改組された。

▼**特別引き出し権(ＳＤＲ)** ＩＭＦの加盟国が、国際収支の赤字がつづき外貨不足に陥った場合、ＩＭＦから資金を引き出す(借り出す)権利、または、その出資額の計算に使う単位のこと。その価値は、米ドル・ユーロ・英ポンド・日本円を基準に算出される標準バスケット方式によって決められる。したがって、国際機関の決済に使ったり、外貨と交換できたりする国際通貨の一種となっている。「ロンドンＧ20金融サミット」の直前に、周小川・中国人民銀行総裁は、ドルに代わる主権国家を超えた準備通貨を創出するために、ＳＤＲの機能を拡充すべきと提案する論文を発表。国際通貨体制をめぐる議論において、大きな反響を呼んだ。

《銀行の財務状況は健全化する?》

今後は、市場価格に近い価格では銀行や保険会社の資産価値を評価しないとしたことで、金融機関の財務状況は、外見上は改善した。しかし逆に、金融機関は「毒入り資産」の処理をためらうようになる。監査機関は、たとえこのような表面的な仮定の資産評価では納得できなくとも、この新たな措置基準に準じて資産価値では評価していかなくてはならない。数カ月後、あるいは数年後に、真実が明らかになった際には、これらの金融機関に対して資本注入する必要が生じるが、その資金はまたしても納税者の負担となるであろう。

《投機行為は抑え込まれる?》

表面的には投機行為は減るだろう。だが、その実態はどうなのか?

金融システムという王座の上にぶら下がるダモクレスの剣▼とも言えるCDS★については、何も解決されていない。また、G20の元締めであるアングロサクソンの利用するタックス・ヘイブン、証券化やレバレッジ効果の現実についても何の言及もない。実際には、すべてがこれまでと同様に継続しているように思われる。

二日前(三月三一日)、にイギリスの「金融サービス機構」▼(FSA)は、自社の一部門を売却することによって資金調達したいイギリスの金融機関バークレイ

▼ダモクレスの剣 栄華の中に、危険が迫っていることの譬え。ギリシア神話で、廷臣ダモクレスが、シラクサの王ディオニシオスの栄華を称えたところ、王は、彼を天井から髪の毛一本で剣を吊るした王座に座らせ、王の身辺には常に危険があることを悟らせたという故事による。

▼金融サービス機構(FSA) イギリスの金融サービス全般を監督する機関。金融に関わる各業界の自主規制機関を一元的に統一し、イギリス唯一の金融市場の監督機関として一九九七年に設立。

ズに対し、この売却を許可した。これまでと同様である。この売却では、新たに認可された資産価値の評価方法によって、自己資本比率は人工的に改善され、レバレッジ効果が増加するであろう。これも、これまでと同様である。

ガイトナー米財務長官によるアメリカの金融機関救済計画（以下、「ガイトナー計画▼」と略記）により、アメリカの銀行は自行の「毒入り資産」を、九倍のレバレッジ効果を利用して販売できる。これは、金融危機以前の段階よりも、ひどい投機行為と言えよう。アメリカの「金融安定化監視委員会」は、本来であれば同委員会が擁護すべき原則に大きく反するこの行為を、認可するのであろうか。つまり同委員会は、投機ファンドが、納税者のマネーを使って莫大な利益を得ることを容認するのだろうか。

最後に、需要が生み出す健全な資金調達は、銀行の自己資本比率に依存するが、銀行がその強化を怠った場合には、G20金融サミットは、多くの金融機関の破綻を目の当たりにすることになる。そこで、自らの失敗の責任を回避したい彼らは、次のような、安心させると同時に、驚くべき声明を発した。

「われわれは、なすべき措置のなかから信頼できる戦略を打ち出す……」。

これは言い換えると、すべてがうまく改善しない場合には、さらなる措置を実行するということである。だが、さらにいかなる措置を実行するのか？　もちろ

▼ガイトナー計画　米金融機関救済のための不良資産買い取り計画「官民投資プログラム」（PPIP）のこと。官民共同ファンドによって不良資産を買い取るという計画だが、民間の出資者にとっては、わずかな資本出資で大きなレバレッジが効く一方、買い取り資産から大きな損失が発生した場合は政府が引き受けることになる。このため、金融機関やヘッジファンドが、また大儲けするシステムではないかとの批判も上がっている。

ん、さらなる借金である。つまり、将来的にはさらなる増税である。

ようするに、銀行の健全化や、将来性のある産業分野の育成といった、きわめて有益でやりがいのある政策ではなく、残念なことに、何もファイナンスしない先の見通しのない大型景気対策を打ち出したにすぎないのではないか。二カ月後、あるいは二年後には、企業の破綻によってハイパー・インフレが発生し、恐ろしいほどの緊縮財政政策を取らざるを得なくなるのではないだろうか。

これは、まるでアルコール依存症者の集まりで、参加者は断固とした禁酒の決意を語るが、その集まりから一歩離れると、最後の一杯を所望するかのようだ。つまり、元の黙阿弥である。

4月9日（木曜日）

日本の三大銀行の一つである三井住友銀行が、過去一二カ月間で四〇億ドル近くの赤字を計上したと発表した。

4月12日（日曜日）

明るい兆しがほんの少し見えてきたか……。アメリカの銀行の第一・四半期の業績は、銀行によっては利益を計上し、従前の予想よりも良かった。シティは、二〇〇七年度第三・四半期以来の黒字となった。

4月15日(水曜日)

スイス最大の銀行UBSの第一・四半期の業績は、一三億ユーロの損失となり、二〇一〇年までに八七〇〇人をリストラすると発表。

4月18日(土曜日)

欧州中央銀行★(ECB)総裁のジャン＝クロード・トリシェは、ゼロ金利政策はヨーロッパの経済状況に「ふさわしくない」として、この政策の採用の可能性を退けた。

4月24日(金曜日)

ロンドンで開かれたG20での決定措置を実行に移すために、「G20財務相・中銀総裁会議」が、ワシントンで開催された。

3……金融危機からの奇跡的な脱出？

「ガイトナー計画」と「会計制度の変更」

金融危機からの奇跡的脱出の準備が整った、などと主張する者も出てきている。投資ファンドや銀行が、おもにアメリカ政府からの融資で他の銀行の「毒入り資産」を買い取ることができる〝ガイトナー計画〟。そして、銀行が「毒入り資産」を高値に評価できる〝会計制度の変更〟。これらの組み合わせによって、投資ファンドや銀行が「毒入り資産」を他者にきわめて高い価格で売りつけ、そして、さらに他者から「毒入り資産」をより高い価格で買い取るというデリバティブ商品市場が復活する▼という。これにより資産バブルが形成されるが、その原資は、完全に納税者の税金である。

これまで、銀行の自己資本の評価額は、「毒入り資産」によって完全に低迷していたが、国の融資によって、銀行はこうした金融商品を買い取り、これらの相場価格を上昇させることができる。こうして銀行の自己資本比率は当然ながら回復する。

▼デリバティブ商品市場が復活

ガイトナー計画について、「不良資産救済プログラム」（TARP）からの最大拠出一〇〇〇億ドルで、「一兆ドルの不良債権のカタをつけるレバレッジをもって制する政府版CDO」などといった評価も囁かれている。

しかしながら、産業界では倒産が相次ぐなか、新たな金融資産を創造することによって、経済成長が本当に息を吹き返すことができるのであろうか？

こうしたバブルは、すでに形成されつつある。バブルは、株式（とくに金融関連株）が急上昇する市場と、融資が完全に低迷する市場との相違から見抜くことができる。同様に、予想利益のマイナス推移と株価上昇との差異、企業の「投資尺度」の上昇、中央銀行の株価の将来的推移からもバブルを察知できる。バブルにより、「キャリートレード▼」と呼ばれるドルや円に対する為替メカニズムを利用した取引が復活する可能性がある。

こうしたバブルの結果、「金融危機から脱した」といった空気が漂うことになるかもしれない。銀行は、財務状況を健全化させ、公的資金を返済し、ついでにボーナス支給の権利も取り戻すであろう。金融資産価格の上昇により、投資・雇用・経済成長は活性化する。

しかしながら、これで労働者や納税者に陽が当たり、金融関係者や投資家に代わって、彼らが経済を再活性化させていく主体となることができるのだろうか？

金融危機が勃発する以前の楽観的な論調が、すでに復活してきている。

今回の金融危機については、多くのエコノミストが一九二九年以来の最悪のものになると予想したが、今後、「資本主義には、まだ底力が残っている！」とか、

▼**キャリートレード**　機関投資家・ヘッジファンドなどが使う有力な資金調達・運用手法で、金利の低い通貨で資金調達して、金利の高い通貨で運用して利ザヤを稼ぐ取引のこと。

「アメリカ経済のダイナミズムに、ブレーキをかける地球規模の規制など、いっさい必要ない！」といった論調に同調する者さえ現われるであろう。

では、不況や金融危機から真に脱出するためのシナリオは実現できないのだろうか？

現状では、企業存続の危機、リストラの増加、資産価格の低迷、雇用の不安定、公的債務の拡大など、さまざまなリスクが依然として存在しつづけている。つまり、何も解決されていないのだ。

そのうえ、金融機関が納税者に多大の負担を強いているにもかかわらず、一部の金融機関の関係者が、納税者の血税から莫大な報酬を得ることを、民主主義国家の大統領が認めるなどということが、どうしてありうるのであろうか？

リスクが依然として存続する現状においては、消費者は消費スタイルを大きく変化させざるを得ない。つまり、貯蓄に励み、バーゲンセールで買い物をし、派手な消費は控えるといったライフスタイルへと変化させる。国家とともに企業も、この問題を直視する必要があるだろう。G20金融サミットは、ロンドンでは問題を巧妙にごまかして先送りにしたが、改革の実行は不可避であろう。

ヨーロッパは、いわば〝ガイトナー・バブル〟の幻想に惑わされなければ、公益に資する金融システムの構築に向けて、アメリカの一歩先を進む唯一のチャンスを見出すことができる。そのためには、多く人々が「金融危機は終わった」と信じたいような状況にあったとしても、改革を推進する勇気をもつことが必要なのである。

「ガイトナー・バブル」を超えて

今は、まず、しっかりと現状を分析するときである。

現在のところ、国際通貨基金（ＩＭＦ）によると、世界全体の銀行の自己資本四兆ドルに対する損失は、アメリカの銀行だけで四・一兆ドルあるという。なお、ヌリエル・ルービニ▼の推定によると、この損失は三・六兆ドルであり、アメリカの消費ローンだけでも不良債権が四・五兆ドルあることから、これを銀行の損失に加算する必要があるという。

アメリカの格付け機関★スタンダード&プアーズによると、この危機による損害額、つまりは納税者の負担額は、ＧＤＰの一〇％（一兆ドル）ほどになるのではないかと推定している。それは、ルービニの推定によると、少なくとも三兆ドルであるという。

現在までのところ、損失の〇・八兆ドルがファイナンスされたにすぎない。債務不履行の総額は、およそ三・六兆ドルで、そのうち一・八兆ドルはアメリカにあ

▼**ヌリエル・ルービニ**　106頁の注を参照。

る。

世界の銀行の融資総額（八四兆ドル）は、自己資本総額の一八倍に相当し、認められている一五倍を超えている。さらには、最も権威がある金融機関のなかには、この比率が五〇倍のところもある！

世界の銀行システムが破綻しないためには、約一・七兆ドルの資本注入が必要である。

株価や不動産価格の下落により、約六〇兆ドルの名目上の富が失われた。

二〇〇九年度の経済成長率に関しては、アメリカが少なくともマイナス五％、ヨーロッパがマイナス四％であり、世界の経済成長率は、せいぜいゼロであろう。

オバマ大統領は、未曾有の金融問題に直面している。財政赤字はＧＤＰ比一二％の一・三兆ドル。アメリカの累積債務は五四兆ドル。銀行システムはパンク状態、産業界は倒産寸前である。

ガイトナー計画による一過性のバブルによる景気回復を信じないかぎり、新たな財源が必要となるが、そのような財源はどこにあるのだろうか？

アメリカの納税者の財布からであれば、経済成長の復活という芽を摘んでしまうことになりかねない。しかし一方で、公的債務によってであれば、米国債とドルは、世界から見放されることになりかねないのである。

第４章

金融危機後の世界

世界は大恐慌へ突入するのか

1……今後、想定される最悪のシナリオ

危機は去ったのか?

サラリーマンの立場からすると、二〇〇九年中ごろの経済状況は、二〇〇八年初頭のときと同様に、きわめて厳しい状況とまで言うほどではない。

失業率はまだそれほど高くなく、不動産価格が下落したことによって、ローンを組むことさえできれば、むしろマイホームは購入しやすくなっている。

経済成長の減速により、原油価格は大幅に下落し、産油国と石油会社の力関係も正常化した。株式相場は低迷しているが、投資家の保有株式の評価額は、五年前の水準に戻ったにすぎない。五年前には、彼らはこの水準に不平を述べることはなかったのである。

多くの人が、最も厳しい時期は過ぎ去ったと考えているようだ。つまり、潤沢な労働力、先端技術、一次産品の価格下落などがうまく組み合わさり、経済の問題点が修正され、銀行の経営は安定してくれるのではないかと。そして、かなり

近い将来に、経済は力強さを取り戻し、完全雇用が達成されるのではないかと期待しているようだ。

われわれを待ち受けている危機のタイプは？

しかし残念ながら、まったくそうではないのである。

現在の金融危機を速やかに押し止めたとしても（おそらく無理であろうが）、経済危機に突入することは不可避である。早急に、地球規模の大型プログラムを打ち出すことができなければ、この経済危機により、企業・消費者・サラリーマン・預金者・債務者・国家の大部分は、根源的かつ継続的な苦難の道を歩むことになるだろう。

おそらく、国によっては、社会的・政治的危機に陥るところが発生するのではないか。われわれの社会を動かしているイデオロギーについても、緊迫感に欠けるものは、すべて見直されることになるだろう。原因や解決策を探求する代わりに、スケープゴートを探し回ることになるであろう。そして、民主主義自体が脅かされる危険性もある。

われわれを待ち受けている未来は、まだ、はっきりとその形を現わしていない。はたして、それは、一九二九年の世界大恐慌型の危機となるのであろうか？

当時、世界は深刻な不況のなかで、急速な金融資産デフレに見舞われた。そして、その脱出方法は、世界大戦しかなかったのである。

それともそれは、長く険しい未踏の転換期となるのであろうか？ 例えば、一九七一～八二年の長期にわたって、アメリカは経済的混乱に陥ったが、情報技術革命による三つの〈ノマド・オブジェ〉▼（携帯電話、ノートパソコン、インターネット）の発明によって、やっと蘇生したのである。

このどちらのタイプとなったとしても、おそらく新たな災禍が連続して起こることになるであろう。

最悪のシナリオ

最悪のシナリオを想定するのは簡単である。

銀行は、自らの将来に懸念を抱き、政府保証を取り付けたにもかかわらず、貸し渋りを激化させることで、多くの企業が倒産する。

銀行以外の金融機関（現在、経営基盤が脆弱なヘッジファンドやクレジットカード発行会社）が破綻することで、資産価値の急落を招く。

国家は、こうした損失を埋め合わせることも、国際金融市場から資金を調達することもできない。この煽りを食らって、中国のように巨額の預金をもつ国は、

▼**ノマド・オブジェ** 〈ノマド〉とは「遊牧民」のことで、現代では移動をくり返す非定住型の生活をする人々を指す。アタリによると、人類は一万年ほど前にメソポタミアの地で「定住民」となったが、二一世紀には、再びノマドが増加するという。ノマドを大別すると三種あり、エリートビジネスマン・研究者・芸術家・芸能人・スポーツマンなどの〈超ノマド〉、生き延びるために移動を強いられる〈下層ノマド〉、定住民でありながら超ノマドに憧れ、下層ノマドになることを恐れてヴァーチャルな世界に浸る〈ヴァーチャル・ノマド〉である。日本のオタクはヴァーチャル・ノマドに属する。さらに、二〇二〇年頃には、人だけでなく企業もノマドのような存在になるだろうという。〈ノマド・オブジェ〉とは、ノ

自らの蓄えの一部を失い、自国内の経済成長を支えるために、残りの資金を外国から自国へ還流させる。

そして、この資金移動によって、次第にドルは下落し、そしてドル安はヨーロッパ経済を脅かす。

政府の借金による大型景気刺激策にもかかわらず、景気は低迷しつづけ、物価は大幅に下がる。

景気低迷は、おもな西側諸国の債務が、おそらくマネーの大量注入によるインフレで解消されるまでのあいだ、つまり、二年から五年ほどつづくことになる。

これは、極端なシナリオであろうか？

筆者もそうであると信じたい。だが、このシナリオは、すでに現実となりはじめているのである……。

2……金融システムの新たな問題点

さらなる危機を迎える銀行

アメリカやヨーロッパの銀行は、社会が救済の手を差し伸べる対象にまで堕落

マドが愛する持ち運び可能なグッズ。歴史的には、お守りや本にはじまり、ウォークマン、携帯電話、ノートパソコン、小型ヴィデオといったように、いつの時代でも大ヒット商品となる。今後もさまざまなノマド・オブジェが爆発的に売れることは間違いなく、この市場を制する企業が躍進するという（アップル社のiPodは、その例証である）。サングラス、タフな旅行カバン、ノマド向け保険といったノマド関連商品にも流行の兆しがある。（『21世紀の歴史』参照）

したわけだが、いまだ、難局を乗り切った状態とはほど遠い。
銀行は、二〇〇九年頃の段階において、確定した損失の四分の一、想定される損失の一〇分の一の蓄えしかない。前述したように、多くの銀行は、会計上では破綻状態にある。銀行が抱える追跡不可能となったデリバティブ商品の幻影や、銀行が確定しなければならない損失額などについて、不明な点が多く残されている。

例えば、サブプライム・ローンよりリスクが少なかったオルトA・ローンに関する不払いが、二〇一〇年から二〇一一年にかけて加速する見込みである。残高では、サブプライム・ローン（〇・九兆ドル）よりも、オルトA・ローン（一兆ドル）のほうが巨額である。こうした濡れ手に粟の幻想をもたらした金融商品から儲けようと欲張った、連邦住宅抵当公庫（ファニー・メイ）やワコビアをはじめとするアメリカの多くの銀行は、オルトA・ローンを大量に抱えている。

これ以外の証券化商品についても事情は同じであり、すでに数兆ドルが泡となって消えた。証券市場が干上がると、たとえ貸し倒れリスクが高い時期でさえも、銀行は自らのバランスシート（損益対照表）に回収が不確実な新規融資の大半を計上しなければならなくなる。誰も新規融資のリスクを取らないのであれば、現在六〇兆ドル以上の取引残高があるクレジット・デフォルト・スワップ★（CD

★クレジット・デフォルト・スワップ（CDS） 巻末の「基本用語」を参照。

S）市場も崩壊するであろう。それによって、CDS★によって保証されている金融商品の五％が破綻すると、三兆ドル以上の債務不履行が生じることから、銀行は長期にわたって脆弱な状態にとどまり、融資を絞ることによって自己資本の保全を優先することになる。

実際に、いわゆる「バーゼルⅡ▼」という各国の中央銀行間での合意により、銀行の「基本的項目▼」（Tier Ⅰ）を含む自己資本は、銀行の融資総額に対して最低八％なければならない（実際の計算はより複雑であるが）。つまり、銀行は金庫にあるマネーの一二・五倍までしか貸し出しできない。この比率を（大幅に）超えると、銀行は新たに自己資本を積み増すか、貸出を減らすことを強いられるが、これは不況を深刻化させる。

さらに、中央銀行は、寛容にすぎる放任主義の烙印を押されたくないことから、いずれこの比率を、八％から一〇％に引き上げるであろう。すなわち、銀行は自らの資産の一〇倍しか貸し出しできなくなる。将来的に規制当局の要求を満たすためには、世界の銀行の自己資本金を少なくとも三兆ドル増やす必要がある。

現在、銀行に、このような金額を無分別にも投資できるのは、政府だけである。政府としては、少なくとも部分的な国有化か、融資の大幅削減かを選択することになる。ようするに、国有化か、景気低迷かの選択肢であるが、各国の政権が右

▼**バーゼルⅡ**　70頁の注を参照。

▼**基本的項目（Tier Ⅰ）**　銀行の自己資本のうち、資本金・法定準備金・利益剰余金などの最も基本的な部分のこと。その他の有価証券の評価差益の四五％は、その他項目と合算し、「基本的項目」（Tier Ⅰ）の額を上限として、「補完的項目」（Tier Ⅱ）として計上することができる。バーゼルⅠとバーゼルⅡとで変化はない。

派であろうが左派であろうが、結論は明らかである。イギリスやアイルランドでは、すでに国有化がはじまった。あとは、このような莫大な金額を用意するだけである。

金融機関の数は著しく減り、主要国では数行のメガバンクによる寡占状態になるであろう。空想上の産物である証券化商品で、夢のような利益を手にすることができなくなった投資銀行は、独立経営ができなくなり、商業銀行と合併することになるであろう。銀行の収益性は大幅に下落するであろう。現在、銀行にとって預金の重要性は乏しいが、将来には銀行は預金集めに必死になり、そのための預金獲得に費用がかかるようになる。国際的な金融機関（例えば、欧州投資銀行）でさえ、ライボー▼以下での資金調達が困難になるであろう。

銀行以外の金融機関

銀行以外の金融関係者の存続も危ぶまれる。保険業者、ヘッジファンド★、財団、常軌を逸した利益を得るプライベート・エクイティ投資会社★、クレジットカード発行会社、モノライン保険会社★、何の裏付けもないネズミ講まがいの金融業者、金融ブローカー、担保権を設定された債務者などである。

格付け機関★は、自らの存在を正当化するために、すべての金融機関の格付けを

▼ライボー　ユーロ市場における、ロンドン銀行間出し手レート。ロンドン市場で、資金を貸し出す側が提示するレートで、金融機関が資金調達をするときの基準金利となる。国際金融取引の指標として利用される。

★ヘッジファンド　巻末の「基本用語」を参照。

★プライベート・エクイティ投資会社　巻末の「基本用語集」を参照。

★モノライン保険会社　巻末の「基本用語」を参照。

★格付け機関　巻末の「基本用語」を参照。

引き下げるが、これは新規の資金調達の条件を悪化させる。オバマ大統領や米財務長官による救済案やヨーロッパによる救済案によって、銀行の融資は拡大するが、これを目がけて全員が銀行の窓口に殺到することになる。GEキャピタルのようなクレジットカード発行会社は、国の支援を得たいがために、銀行になりたいと要求するだろう。これは、自動車製造業者や大手流通業者のカード子会社も同様である。とくにアメリカでは、学生ローンの返済が行き詰まる。

ヘッジファンド★は、とくに危険である。ヘッジファンド★は、他の場所で極度に必要とされていたマネーを使って、為替・金利・一次産品価格の変動に、しばしば逆張りをしてきたが、今後は、銀行からの資金の借り入れが不可能になる（というのは、ますます慎重になった銀行は、二〇〇八年九月と一〇月にヘッジファンド★が銀行株に対して売りを浴びせたことに恨みを抱いているからである）。さらに、証券化の手法はもう使えない。

それによって、ヘッジファンド★は、自らの投機ポジションの解消ならびに資産の叩き売りを、さらに余儀なくされる（およそ一〇兆ドル）。ヘッジファンド★はさらなる出資を募るだろうが、むしろヘッジファンド★の出資者の中には契約を破棄するものも現われるだろう。少なくとも、こうしたファンドの半分はなくなる。これは、リーマン・ブラザースの破綻やロイヤルバンク・オブ・スコットランドの救済よりも、金融システムに悲惨な影響をおよぼすことになる。したがって、こうした投機ファンドの債務解消のため、大型プログラムを打ち出す必要が生じる。これは、民間部門では財政的にほぼ無理である（まず、誰もヘッジファンド★を救済したいとは思わない）。では、中央銀行や国家予算の出番となるであろうか（政治的には、きわめて困難であろう）。

最後に、金融システムにとって究極の脅威とは、預金者が、銀行の資金運用を禁じることで、信用システムを完全に拒絶することである。例えば、五〇兆ドル以上の規模をもつ信用市場において、バランスシートに〇・八兆ドルの自由に使える資金をもつ連邦準備制度理事会★（ＦＲＢ）は、いつでもマネーを発行することができる。だが、銀行口座の保有者の誰もが、各自の口座で現金でのみ保有し、銀行システムにマネーを運用させない状態となってしまったら、マネーサプライ（通貨供給量）の増加は、ＦＲＢ★にとって何の役にも立たないのである。

保険会社の国有化

先進国のトップに位置する国々では、社会が不安定になることは政治的に許容されない。人々はリスクに対する保障を求める。市民は病気や老いといったリスク、企業は景況といったリスクに対してである。そして、官にも民にもリスク対

★連邦準備制度理事会（ＦＲＢ）　巻末の「基本用語」を参照。

▼ソルベンシー・マージン比率

策のシステムが構築され、とくに保険会社の役割が大きくなった。

保険会社は、保険契約で保障した損害に対して保険金を確実に支払うために、通常予想できる範囲のリスクについて、保険料や運用収益などを財源とした「責任準備金」を積み立てることが、法的に義務づけられている。しかしながら、大災害や経済環境の悪化など通常の予測を超えた損害が発生し、責任準備金を上回る支払いが生じる可能性もある。したがって保険会社にとって、そうしたリスクにも対応できる支払能力を有しているかどうかが重要な問題であるが、それを示す指標を「ソルベンシー・マージン比率▼」と言い、この比率を公表することが義務付けられている。

このソルベンシー・マージン比率とは、ソルベンシー・マージン（支払い余力）の総額を、通常の予測を超えるリスクによる支払い総額の半額で割ったものであり、数値が高いほど保険会社の健全性が高いとされ、一定の基準以下となると、保険会社は破綻を防ぐために監督官庁から是正措置を求められる。

ところが、この計算方法にはかなりの問題があり、必ずしも保険会社の健全性を示すものになっていない。その理由を、以下に挙げてみたい。

まず、この計算は大数の法則▼を基にしていることや、買い手が常に売り手を見つけられることが前提にされているからである。こうした前提が成り立たないこ

ソルベンシー・マージンの総額（純資産、責任準備金、土地の含み益の一部や有価証券の損益などの合計）を、通常の予測を超えるリスクの総額（一般保険リスク、予定利率リスク、資産運用リスク、経営管理リスク、巨大災害リスクの合計）の半額で割ったもの。日本の金融庁は、保険会社の破綻を未然に防ぐためとして、二〇〇%未満となった場合、早期是正措置の対象としている。しかし、過去の例では東京生命が四〇〇%を超えていたにもかかわらず破綻したなど問題が指摘されている。

▼**大数の法則**　偶然に見える出来事であっても、多数（大数）を観察すれば、その出来事の発生の法則（確立）がわかるというもので、保険会社は、この法則をもとに保険料などを算出している。

とは、今回の銀行のケースで明らかとなっている。

次に、超低金利の犠牲者である保険会社は、顧客に対してきわめて高い利回りを約束したことで、内部留保のかなりの部分を、きわめてリスクの高い商品、ヘッジファンド★や債務構造に隠されている特殊な保険証券であるクレジット・デフォルト・スワップ★（CDS）、さらにはCDS★自体のデリバティブ商品で運用したからである。

最後に、金融危機によって銀行がただ同然で国有化されるリスクが発生したことから、銀行の債券に対する投資など、非常に安全だと考えられていた金融商品の価値が大きく低下したからである。

ようするに、保険会社のソルベンシー・マージン比率はきわめて脆弱となっている。保険業界には国際的な規制がなく、各国の保険監督当局が参加する「保険監督者国際機構▼」（IAIS）は、統計資料さえ発表していない。したがって、次のような評価を下すしかない。

保険会社は、減価評価する以前の段階でさえ自己資本が一兆ドルから一・五兆ドルしかないのに対して、保険契約（生命保険が約八〇％で、残りは災害保険）はおよそ二五兆ドルも抱えている。保険会社の自己資本はきわめて少ないと言えよう。

▼保険監督者国際機構（IAIS） 一九九四年設立。目的としては、（1）保険監督者間の協調の促進、（2）国際保険監督基準の策定、（3）加盟国（特に新興市場国）における監督基準にのっとった保険制度確立の支援、（4）他の金融分野の監督機関との連携、を掲げている。参加メンバーは一四四国・地域の保険監督当局で、一三九の保険会社・業界団体などがオブザーバーとして参加している（二〇〇八年一〇月現在）。

したがって、大型自然災害、連鎖倒産、大手銀行の国有化によって、保険会社の倒産が引き起こされる可能性がある。これは銀行の倒産より深刻な影響をおよぼすだろう。これでは、退職者の老後の資金が吹き飛んでしまう。企業はリスクを保証してくれるシステムがなくなってしまう。そして世帯も企業も、重要な資金調達源を失うことになる。

言い換えると、銀行の国有化は保険会社の国有化を早めるであろう。こうした現実を、会計ルールを変えながら隠蔽することは、問題の先送りである。しかし、当然のことながら、G20金融サミットにおいて、こうしたことが話し合われることはないのである。

3……景気停滞

倹約ムードが浸透し、世帯による消費はさらに落ち込み、資産を現金化する動きが加速する。それによって、住宅市場が冷え込み、新車の販売台数が低迷し、住宅ローン返済額の削減がはじまる。

企業は世帯と同様、一次産品価格の大幅な下落から恩恵を受けるが、企業は、売上の大幅ダウン、社会的環境の悪化、信用保証契約の解消、運転資金のショート、資本再注入の必要性に直面することになる。

銀行は、儲かっている企業に対して、これまでのような鷹揚な態度で融資に応じない。その理由とは、前述したように銀行の体力が低下しているからである。さらに、「バーゼルⅡ」により、銀行は引当金の積み増しを余儀なくされ、「国際財務報告基準」（ＩＦＲＳ）の適用により、銀行の資産評価の引き下げを余儀なくされる。これにより、銀行の融資能力はさらに削減される。

ようするに、経済活動の減速は、一次産品の価格高騰をともなった金融危機以前からすでにはじまっていたのであり、景気は少なくとも二〇〇九年から二〇一〇年にかけて、さらに悪化するであろう。不況の煽りをまともに食らうのは、保険業・銀行・建設業・自動車産業・航空運送業・高級デパートなどである。公共サービスが破綻するケースさえ現われる。

そして、今後も生産性が年間二％超で伸びつづけるとするならば（生産性は景気変動に関係なく上昇している）、世界中で失業者が増加するだろう。アメリカの失業率は、二〇〇九年六月までに就労人口の一〇％に達する可能性がある。フランスでは、大規模な対策が打ち出されることがなければ、史上最悪を記録することになる。中国もまた、自国の経済成長が低迷するのであれば、経済・政治対策においてきわめて厳しいかじ取りを強いられる。二〇〇九年の中国の経済成長率▼は、六％を下回る可能性すらある。最後に、石油の利権をむさぼる者たちは、原油価格低迷が長引くようであれば、甚大な影響を受ける。

そこで、各国は、自国の国益のことしか考慮しない決定を下すようになる。例えば、一部の企業を国有化し、他の企業へは補助金を支給するなどである。そして、一九二九年の世界大恐慌型のやり方とは異なるが、自国のみへと関心が回帰するプロセスが進行する。だがこれは、悲惨な結果を招く保護主義と同じ影響を引き起こす。さらには、世界貿易機関（ＷＴＯ）の枠組みですでに締結した協定を、再検討する事態にさえ陥る恐れがある（自由貿易によるすべての進歩を、継続的に中断するといった最悪の事態となる）。

4……不況

景気停滞が深刻化し、不況に陥る可能性も排除できない。つまり、二〇〇九年の世界の経済成長率▼は、〇％どころか、マイナス五％、さらにはマイナス一〇％にまで落ち込む可能性すらある。産業部門によっては、マイナス三〇％という悲惨な事態に陥る。現時点では、こうした事態は想定できないと思われるかもしれない。しかしながら、これは一九九〇年代初頭に日本で実際に起こっていること

▼二〇〇九年の中国の経済成長率　中国国家統計局の発表によると、二〇〇九年第一・四半期の経済成長率は、六・一％だった。世界銀行は、二〇〇九年三月一九日、中国の経済成長率の予測を六・五％と下方修正した。二〇〇八年六月段階の予測では、九・八％だった。

▼二〇〇九年の世界の経済成長率　二〇〇九年一月二八日発表のＩＭＦによる世界経済見通しによると、先進国ではマイナス二％、世界全体で〇・五％と予想されている。

である。ドイツ、イギリス、スペイン、アメリカといった国々では、一般向け住宅市場、自動車産業、鉄鋼業など産業分野によっては、すでにこうした事態が発生している。他の多くの国においても二〇〇九年と二〇一〇年に、不況が全産業に蔓延するというシナリオを排除できる材料は、いっさいないのである。

世界中の人々が危機の広がりを自覚するようになり、こうした傾向はさらに助長される。つまり、自分が勤める企業の売上が二〇％減となった場合、いったいどうなるのだろうか？　と各人が不安を感じる。そして、こうした事態に備え、各世帯は、所得の二〇％カットに備えて預金にはげむようになり、消費を大幅に減らす。企業の管理職は、コスト削減にはげむ（これはすでにはじまっている）。こうした状況を見込んだ銀行は、消費ローン、住宅ローン、企業の運転資金への融資を、少なくとも二〇％は削減する。

つまり、人々の消費が減れば減るほど、企業の売上は減り、企業の投資が減れば減るほど、雇用は減る。

言い換えれば、危機感による過度の慎重さによって、景気停滞は不況に変わっていくのである。

領収書

啓文堂[illegible]店

神田駅前店 TEL 03-[illegible]

[illegible]

2008～2010年　危機の拡大

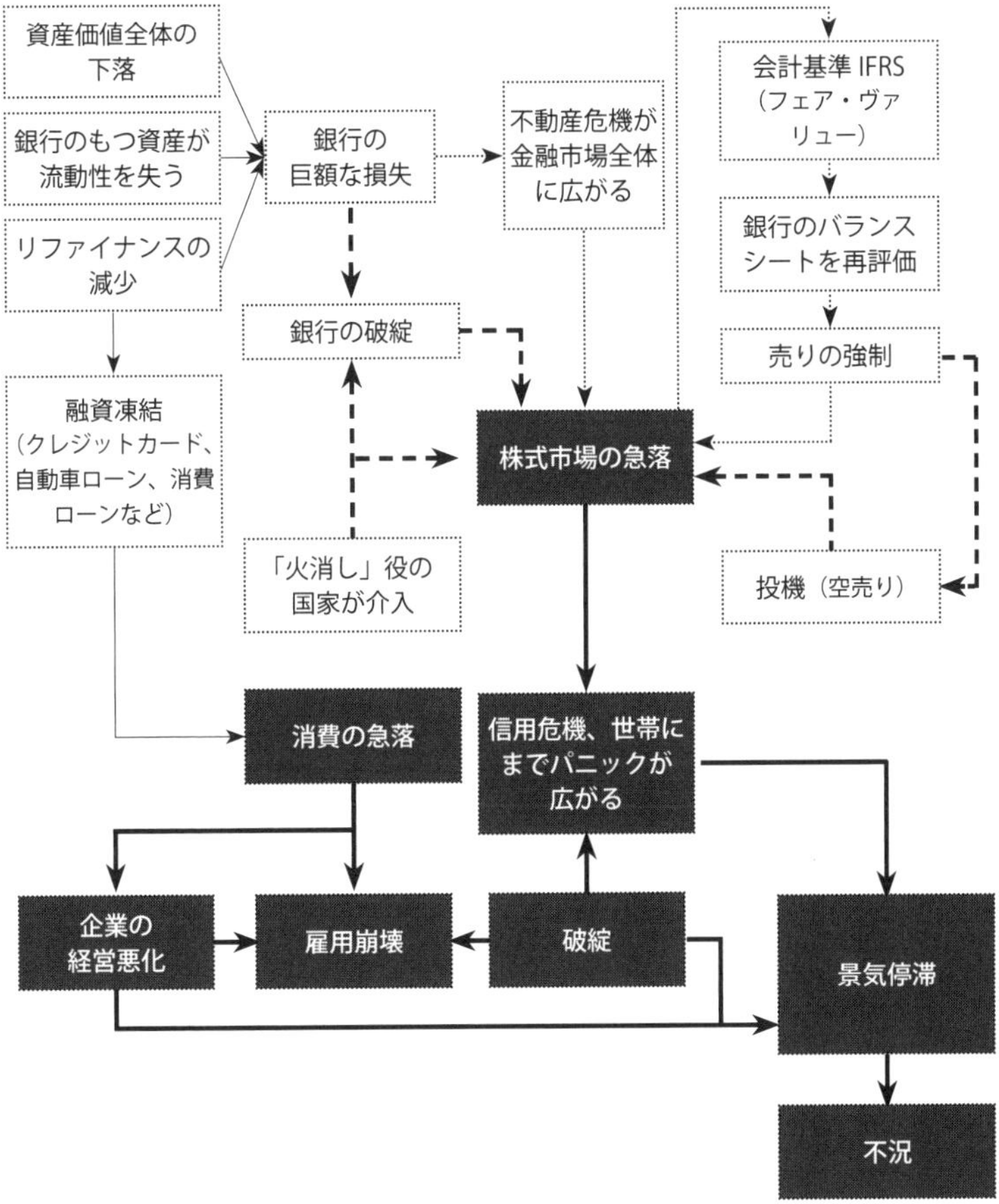

＊矢印は、実線（⟶）は直接的影響を、点線（- - ➤）は間接的影響を表わす。
また、線の太さは影響力の大きさを表わす。

5……インフレ

初期の不況は、すべての資産価格を押し下げ、すべての生産者ならびに流通業者による壮絶な競争を促す。企業各社による、自動車・洋服・家庭用品・住宅の投売りがはじまる。年間を通じてバーゲンセール状態となる。こうした展開は、一見したところでは、消費者の購買力が増すというプラスの効果をもつ。

そして大量のマネーが経済に注入されることによって、世帯の債務が政府の債務として移し変えられることになる。だが、これは世界のマネーサプライ（通貨供給量）を大量に増加させるだけである。つまり、通貨量が膨張するだけで、生産で埋め合わされることがないからである。ようするに、各国の中央銀行がいかなる措置を打ち出そうとも、いずれはハイパー・インフレに陥る。ハイパー・インフレは、例えば、原油価格が高騰したときなど、最もこれを避けたい時期に突如として始動し、貨幣価値の下落スパイラルを招く。

インフレにより、世帯や政府に蓄積した債務の一掃が期待できる。ほかに借金帳消しの手段はないであろう。インフレにより、固定金利の債務者は勝ち組となり、無借金の者や変動金利の債務者は負け組となる。

▼世帯の債務が政府の債務に移し変えられる 大量のマネーを経済に注入する（マネーサプライを増加する）ために、中央銀行の負債は拡大し、それにより発生したインフレによって、民間部門の債務は実質価値が下落するため。

▼通貨量が膨張するだけで、生産で埋め合わされることがない 通貨の増加分に対し、財やサービスの増加がともなわないということ。

▼ハイパー・インフレ 物価が、短期間に数倍・数一〇倍と急激に騰貴し、その結果、貨幣に対する社会的信頼が崩れてしまう状態。戦争や大災害の後に起こることが多い。

世界規模で見ると、このインフレは、世界全体の多数派である若年層、先進国の多数派である高齢者の勝利を意味する。これは多数派が下す決定であるが、今回の場合は、地球規模の選挙民がこれを支持する。この点において、インフレへの回帰は、史上初の世界規模での民主的決定と言えるかもしれない。

なぜならば、金融・経済危機は債務過剰が原因であったからであり、また民間の債務に膨張する公的債務が加わったからである。債務者がこうした債務の返済を先延ばしにする、さらには債務を支払わないことを認めることでしか、この危機は解決できないのかもしれない。そして、このためには物価と賃金の上昇が最良の解決策であると考える者もたくさんいる。なぜならば、これによって所得における債務返済の占める割合が減るかもしれないからである。

このインフレという解決策について、多角的に検討してみよう。

(一) この解決策が、無理であると思われる理由。

過去三〇年来、世界中でインフレは退治されてきた。なぜならば、インフレは、最貧層やとくに退職者層の生活を破壊してきたからであり、また債権者と債務者の信頼関係の破壊を意味するからである。さらには、今回の危機によって、われわれはデフレの時代にさえ突入しているのである。デフレ下では、人々はモノがさらに安くなるまで買い控えをし、需要は低迷し、失業は増え、一次産品の価格は下落し、そしてこれらが下方スパイラルに陥るのである。

（二）この解決策が、可能であると思われる理由。

アメリカの通貨量が一二カ月で二倍に膨張した。各国中央銀行の大規模な「量的緩和」が、需要の増加という効果をもたらす可能性もある。そしてこの需要増は、現在の企業の破綻による影響が深刻化すると、供給の低下に直面するであろう。

（三）この解決策が理想的であると思われる理由。

誰かが決定を下さずとも、債務が軽減される。消費者は物価が値上がる前に消費を前倒しにする。経済機構が再起動する。賃金、モノの値段、年金も物価に合わせてスライドすることになる。市場金利は上昇するであろう。

インフレで得をするのは、債務を抱えているが所得のある人々であろう。つまり、サラリーマン、不動産購入者、設備投資などで債務を抱える企業、債務の実質価値を軽減できる国家である。銀行自体は、インフレに悩まされることはないだろう。なぜならば、インフレによって銀行の実質負債は軽減するからであり（たとえ銀行が保有する債券によって損失をこうむることになっても）、また銀行の収益は、預金者と融資先との仲介業務から利ザヤを抜くことにあるからだ。これは、退職者への実質支払額を軽減させる保険会社にとっても同じことである。

インフレの被害者も数多く発生する。債権者、年金基金、インフレ率にスライドしない債券保有者、年金支給額がインフレ率にスライドしない年金受給者、世襲財産を所有する金持ち層、現金保有者、国家資産基金などである。国家も、新規の国債発行の際に大きな困難に直面するであろう。

インフレの犠牲者の中で充分な政治力を持つ者たち（金持ち層や国家資産基金）は、債務削減コストを弱者（サラリーマンと退職者）に押し付けようとすることは間違いなく、少なくとも見返りを得ようとするであろう。例えば、自己の資産価値の減少を認めない国家資産基金は、より大きな政治的役割を要求するのではないか。さらに、中国が要求した「SDR（IMFの特別引き出し権）改革」▼のように、弱体化したドルの代わりに世界通貨の設立さえ要求するかもしれない。

各自が自らの保護のために、所得や他の物価のインフレに対してスライドさせて対応できるのであれば、ハイパー・インフレ下では予想外の出来事が起こるであろう。もうすでにおわかりかと思うが、すべての者が敗者となる。中産階級は

▼SDR（IMFの特別引き出し権）改革　二〇〇九年四月の「G20金融サミット」（ロンドン）の直前に、周小川・中国人民銀行総裁は、「国際通貨体制改革に関する考察」と題する論文を発表し、ドルに代わる主権国家を超えた準備通貨を創出するために、国際通貨基金（IMF）の「特別引き出し権」（SDR）の機能を拡充するべきであるとする提案した。国際通貨体制をめぐる議論において、大きな反響を呼んだ。

壊滅する。こうなると民主主義の存続が危ぶまれる。

こうした惨事を回避するためには、インフレが有効となる早い段階で、インフレを起こす政治的決断が必要となる。そしてインフレが年率五％を超えた段階で、迅速に思いきった物価安定化政策に取り組むのである。

これが危険な賭けであることは確かだが、おそらく将来的には避けて通れない道筋であろう。したがって、インフレが何の決定もなく勝手に蔓延する前に、この政策の研究は急務である。

6……アメリカの破綻と「チャイメリカ」の行方

世界中から掻き集めた資金のおかげで、アメリカは依然として世界経済の原動力となっているが、アメリカの不況により、世界経済は崩壊する可能性がある。だが、アメリカに代わる原動力は存在しない。われわれは、ドルがポンドに取って代った一八八〇年代▼に生きているのではない。すなわち、ドル以外の通貨がその役割を引き継ぐことはないであろう。ユーロでさえ無理である。というのは、EUには、経済面・政治面・軍事面の自治が欠如しているからである。

ある意味で、現在の金融危機は、アメリカの信用失墜が加速した段階とも解釈

▼**一八八〇年代**　アタリによれば、この頃、〈中心都市〉は、ロンドンからアメリカのボストンへと移動したという。その主な理由は、当時の株式投資バブルの崩壊である（『21世紀の歴史』参照）。

できる。また世界が、アメリカ政府やアメリカ人に対して破綻が宣言される前に、借金の返済を迫った段階であるとも解釈できる。

これは理論的な問題ではなく、一九世紀後半のイギリスや、最近ではアルゼンチン▼など起こった状況とそっくりである。現在では、アイスランド・ハンガリー・ウクライナなどは、容認しがたい債務を抱えている。そして、軽率にも「毒入り」となった金融商品に投資した、あるいは借り入れまでして投資した地方自治体も、これから被害が明らかになるだろう（すでに、かなりの被害が報告されている）。

さらに次は、メキシコ・チリ・韓国・ロシア・マレーシア・カザフスタンなどのアジア諸国やラテンアメリカ諸国の番である。これまでにも痛い目に遭ってきたこれらの国々は、国際通貨基金（ＩＭＦ）や政府系ファンドから、さらに多額の融資を、さらに厳しい条件で仰ぐ羽目になるかもしれない。政府の累積債務がＧＤＰ比一八〇％の日本は、すでにこうしたケースに該当し、金利の予期せぬ上昇によって窒息する可能性がある。

ヨーロッパ諸国は、国によっては債務過剰であるとしても、ＥＵ全体としては健全である。また、ユーロのおかげで同様の脅威にはさらされていない。外貨準備高に占めるユーロの割合は、ドル離れによって増加する。イタリアのように債

▼アルゼンチン　同国政府は、二〇〇一年一二月、外貨不足のため、一三二〇億ドルにのぼる公的債務の一時支払停止を宣言し、金融危機が表面化した。そして、固定相場制度が放棄され、アルゼンチン・ペソは大幅に下落。国内からの外資流出、インフレの再燃、生産活動の縮小などが連鎖的に発生し、危機を深めた。

務残高がきわめて大きい国々は、なんと言ってもヨーロッパ通貨の存在によって保護される（前述したように、資金調達にあたってイタリアは、ドイツよりも一％以上高い金利を支払っている）。だが、ユーロ・グループの黒字国が債務国との連帯を解消する、あるいは自国経済の資金調達においてインフレ的手法を採用するのであれば、ヨーロッパ諸国とて安泰ではない。

確かに、アメリカは、今後とも長年にわたって世界第一位の経済大国・軍事大国・研究者大国でありつづけるであろう。今後しばらくのあいだ、米国債は「ＡＡＡ」の格付けであることから、世界中の投資家は、米国債を買い求めつづけるであろう。だが、ポールソン米財務長官の救済案、オバマ大統領の救済案、連邦住宅金融抵当金庫（フレディ・マック）、連邦住宅抵当公庫（ファニー・メイ）、ＡＩＧなど、今後さらに増えるであろう破綻寸前企業に対する支援の繰り返しによって、アメリカの一〇兆ドルを突破した公的債務は、さらに深刻化する。アメリカの債務総額五四兆ドルは、すでに世界のＧＤＰを突破した。中国・アラブ諸国・日本の預金者は、ますます米国債を購入することをためらうであろう。

一方、クレジット・デフォルト・スワップ★（ＣＤＳ）市場における米国債の保証コストからは、アメリカが債務不履行に陥る可能性はまだ低いとはいえ、九カ月で三〇倍にまで増加したことがわかる。ＣＤＳ★による一〇〇万ドルの米国債の保証コストは、一〇〇〇ドルから三万ドルにまで増加した。

　アメリカの財務状況が懸念されることから、為替市場ではおそらくドルは大幅に減価することになるであろう。

7……為替危機

　二〇〇八年と二〇〇九年、これまでの金融危機の際に発生した事態とは異なり、今回の危機では主要通貨の為替市場は秩序だった推移を示した。ドルが対ユーロで上昇し、対日本円で下落しても、ドルは兌換性のない中国元に対しては、ほとんど変動しなかった。しかし、とくに対外債務の急増後には、ドル崩壊が予想される。連邦準備制度理事会★（ＦＲＢ）は、ドル相場を支えるために金利の引上げを余儀なくされる一方で、経済成長を支えるために低金利政策を強いられるからだ。ところが、中国は、ドル高を維持して自国の輸出キャパシティを担保するために、これまで以上にドルを買い進めることから、このようなドル安シナリオは、差し迫った事態ではないと思われるかもしれない。

　だが、これは長くはつづかないであろう。アメリカの債務の膨張と世界の貯蓄不足により、ドルの基軸通貨としての役割はますます後退する。そして人々は、ますますドル建て資産をもつことに躊躇するようになる。

今日、預金者はドルがかなり危ないと知りながらも、仕方なくドルの購入を余儀なくされているという奇妙な状況にある。産油国をはじめとする国際貿易の大手業者は、ユーロなどのドル以外の通貨で決済するようになるであろう。中国が本気で自国市場の開拓に力を入れ、自国の産業構造をこの路線に沿って改革する際には、対ドル為替管理を継続する理由がなくなる。したがって、アメリカの中央銀行がドルの急落を回避するために金利戦争を仕掛けないかぎり、ドルは大幅に減価する。だが、金利引上げのシナリオは、経済成長におよぼす甚大な影響を考慮すると、まずあり得ないであろう。ドルはもはや、北京政府の特別なはからいを受けるしかない。「チャイメリカ▼」は、北京政府が必要だと判断する場合にかぎり、存続することになる。

中国・ロシア・アラブ諸国などの国営ファンドである「国家資産基金▼」(SWF)は、ドル安の恩恵からアメリカのおもな資産を買いあさる手段を得ることになる(SWFは、現在、二・五兆ドルの資金をまとめ上げ、今回の金融危機で〇・五兆ドルを失ったが、二〇一〇年には一〇兆ドル規模となると思われる)。

為替市場のおもな脅威はドルだとしても、ユーロをターゲットにした攻撃というシナリオも排除できない。確かに、今回の金融危機では、ユーロはユーロ・グ

▼チャイメリカ 74頁参照。

▼国家資産基金(SWF) 外貨準備など国の資産を、投資収益に注目して運用することを目的に設立された政府系ファンドの総称。アラブ首長国連邦の「ADIA」、ノルウェーの「ガバメント・ペンション・ファンド・グローバル」(政府年金基金)、シンガポールの「GIC」、ロシアの「安定化基金」、中国の「中国投資有限責任公司」など。サブプライム・ローン危機後、ADIAが米シティグループに七五億ドル、中国投資有限責任公司が米モルガン・スタンレーに五〇億ドルの出資を決めた。

ループ加盟国を保護した。これからもユーロは加盟国の結束を強化する。ユーロに参加を希望する国々は増えるであろう。すでにアイスランドは、EU加盟候補国である。ノルウェーも加盟するであろう。二〇〇八年一〇月八日に投機筋からの強烈な通貨攻撃を食らい、多大な損害をこうむったデンマークは、ユーロ導入について国民投票の実施を再度検討することになった。スウェーデン、ポーランド、チェコ、ノルウェーも同様である。

しかし、自由放任主義を支持する債務の少ない国は、ユーロの存在にさえも疑問を呈することになる。最近では、中央銀行の裁量によって有価証券を買い上げる権限が、EUの一部の中央銀行にこっそりと与えられた。これは事実上、ユーロ・グループ加盟国ごとに独自のユーロ通貨を自由に発行する権利を与えることを意味する！

それによって、まったく新たな通貨発行の形式が再考され、世界単一通貨の必要性が問われることになる。

8……民主主義の危機

集団の求心力として機能するイデオロギーは、人々に対して人生の意味や勤労の意義を説くだけのものであるかぎり、たとえ人々が苛酷な人生や重労働に苦しもうとも、そのイデオロギーは存続する。

しかし今日、「新自由主義《ネオ・リベラリズム》」というイデオロギーは、世界の資本主義が、ひと握りの人々だけに恩恵を与えるのではないことを、人々に納得させることは困難である。また二〇〇八年末に、通年どおり、アメリカの大手証券会社が総額二〇〇億ドルのボーナスを支払おうとしたことを、正当化するのも困難である。そして、今日の民主主義のシステムが、最貧者や次世代の利益をも、きちんと考慮していると主張することも困難であろう。こうして市場と民主主義への信頼感が脅かされることから、「市場民主主義▼」というイデオロギーは危機に陥るだろう。

現在の状況は、規模の違いを別にすれば、ローマ帝国の凋落とそっくりである。三世紀以上つづいたローマ帝国の崩壊は、一〇〇〇年以上にわたる混乱を引き起こした。

イデオロギーの変化により、アメリカでは、保護主義・軍国主義・準全体主義といった勢力が台頭してくる。おそらく神権政治の勢力▼も、さらに拡大するであろう。将来への不安を背景に、神による秩序を求める神権政治は、アメリカ民主主義の歪んだ滑稽ななれのはてとなる。それはあたかも、ファシズムやナチズム

▼市場民主主義　216頁と220頁の注を参照。

▼神権政治の勢力　アメリカに台頭する宗教右派（キリスト教原理主義）の勢力を指す。ブッシュ（子）大統領は、これらの勢力を基盤にしていた。

が、社会民主主義の悪魔の模造物であったことと似ている。

この危機が、かつての階級闘争の復活とも見まがうような、未曾有の反乱▼とそれへの弾圧という騒乱状態を引き起こす可能性も排除できない。これは、マルクスが提示した分析の有効性を例証するものかもしれない。つまり、地球規模で、破滅的な資本主義に対する民衆の反乱がはじまるということである。

今回の危機は、ごく一部の人間だけが、富を創造することもなく、まったく合法的に、誰の監査も受けずに、生産された価値の大部分を、いかにして独占したのかを明らかにする機会ともなった。または、世界中のサラリーマン・納税者・消費者・企業・預金者を収奪することによって、いかにして、ごく一部の人間だけに、膨大な利益・報酬・ボーナスが支払われたのかを明らかにする機会ともなった。

さらに、このごく一部の人間たちは、自らの強欲の後始末のために、数週間にわたって国家を揺り動かし、空っぽの状態の国庫にマネーを掻き集めさせた。そして、その金額たるや、これまで政府が頑として応じなかった低開発・貧困国から求められた支援額の一〇〇〇倍以上にあたる。

確かに、この収奪は、合法的に、かつ、あからさまに、非暴力のかたちで実行されている。とすると、世界で反乱する市民たちの動機とは、「すべてが合法的

▼**未曾有の反乱**　一九九〇年代後半より、G8やWTOなどの国際会議に世界中から「グローバリゼーション」批判を訴える市民たちが押し寄せ、騒乱状態となるという現象が発生していることや、近年、ヨーロッパ各地の都市で続発する若者の反乱などを、その兆しとしていると思われる。

であるとすれば、このような収奪を容認するシステムを変えるしかない！」ということになってしまうだろう。

第５章

なぜ金融危機は起こったのか?

市場と民主主義の蜜月の終焉

1……危機の根源にあるもの

危機の根源はシステムにある

こうした一連の出来事の全体を眺めると、一部の人間の欲望とその他大勢のパニックが相互にショック反応を起こし、シェークスピア悲劇のような、ある種の抜き差しならない状況に陥ったことがわかる。ごく一部の権力者の便宜を図るために、われわれが作り上げたトランプ・カードの城は、幻想のごとく脆《もろ》くも崩れ去ったというところだろうか。

筆者は、この危機の根幹には、システムの問題があると考えている。つまり、危機に対する回答として、銀行家・規制当局・政府といった実行犯を糾弾するのではなく、理論的枠組みの真の変革を要求したいと思う。危機に対する分析や対応が、自由主義の原則がきちんと遵守されなかったからだとする保守派の主張や、古き良き福祉国家に回帰するべきだといった革新派の主張に依拠しつづけるかぎり、危機脱却に向けての妙案は、いっさい生まれてこないと思われる。

市場の規制撤廃や、投機筋の横暴を許すようでは、危機を克服することはできない。一方で、サラリーマンと資本の所有者との対立が、これまで以上に激化しているとしても、サラリーマン対資本の所有者という単純な階級闘争の図式によって、この危機を説明することはできない。というのは、市場・監査形式・報酬形態が複雑化したことから、社会的階級の区分も相互に入り組んだ状態になっているからである。また、この危機を、不合理な不安、情報アクセスの不平等、規制当局の怠慢、さらにはグローバリゼーションや「ワシントン・コンセンサス▼」、国家の規制能力の欠如としてだけで片付けることもできない。

社会的不平等の拡大と金融商品の開発

危機へと導いた一連の出来事は、アメリカをはじめとする、すべての先進国における社会的不平等の拡大からスタートした。すなわち、社会的格差の拡大こそが、需要にブレーキをかけたのだ。こうした事態が進行したのは、アメリカが、自国の金融システムを「公正なる」所得分配制度として採用することについて、社会から暗黙の了解を取り付けたからである。

さらには、アメリカの金融システムの潜在能力により、監視（規制）されることのない新たな金融商品が開発された。これらの金融商品により、アメリカの金

▼ワシントン・コンセンサス
72頁の注を参照。

融システムは、儲けまくると同時に借金を膨らませることができた。こうして自らが抱える諸問題は隠蔽され、問題を、ロンドン市場・ウォール街・オフショア金融市場などを経由して、他に移し変え、また輸出することができた。だが、これでは、すべてを説明したことにはならない。さらに根源的な原因を分析することによって、危機を解明してきたい。

金融機関による情報と利潤の独占

まず、すべての危機は、情報が不充分であることから生じる。現在に関してと未来に関してでは、当然にも、情報は同じようには得られない。つまり、現在に関する情報は入手できるが、未来についての情報はあまり把握できない。この情報の非対称性こそが危機の原因となる。危機が繰り返し発生する世界を望まないのであれば（危機そのものや、危機を醸成する土壌を放置することを望まないのであれば）、未来に関する情報を把握できないこの世界では、危機の後始末についての負担を、われわれは公平に配分することを甘受するべきである。それによって、じっくりと思考して未来を見通し、行動することが可能となる。

次に、金融危機の場合、その源泉となる銀行システムの有用性に関する問題が持ち上がる。金融機関ならびに金融市場は、文明の発展にとって必要不可欠である。金融機関や金融市場は、報酬を得ることによって、原則として窃盗や強奪といった非合法な手段ではなく、金利の支払いや利益配当を可能とする。また、貯蓄することのできる人間の預金を、最適に利用できる人間に移し変えることを実現する。このためには、銀行や金融市場は、とくに投資案件について充分な情報をもつ必要がある。それによって、銀行システムが民営か官営かにもよるが、投下する資本またはサービスからの報酬を受け取る銀行や金融市場は、資金の出し手に報いることができる。

金融システムにおいては、二つの表裏一体の堕落が明らかになった。

一つめは、金融機関は、高利回りであるが、きわめてリスクの高い投資に対する不自然な熱狂を生み出し、自らもこれに参加するようになったことである。この際、金融機関は、とくに年金ファンドの利益のために、人々にこうした常軌を逸した投資を実行させ、彼らを借金漬けにした。

二つめは、これと裏腹に、金融機関は、自らが持つ最適な投資先に関する情報については、外部には漏らさなかったのである。

そして、これらにより情報をコントロールすることによって、金融機関は、経済全体の収益性をはるかに超えた利潤を独り占めにしたのである。すなわち、金融機関は、資金を最適に利用できる人たちに対して資金調達を行なうという、本来の金融機能から逸脱したのである。

したがって、各国の中央銀行が、銀行を監督する必要がある。中央銀行から監督権を奪い取ることや、これを限定することは許されない。中央銀行は、財政権など大きな政治力をもつ勢力に屈することなく、銀行を管理する必要がある。

金融危機の二つのケース

金融危機は、次のようにしてはじまる。

一つめは、規制当局が金融関係者の首に巻いた手綱をゆるめたことから、不自然なバブルの熱狂がスタートするケースである。資産価値が、何の根拠もないレベルにまで高騰し、高騰する資産を獲得するために、さまざまな経済主体が債務を膨らます。これが制御不能になるとき、金融危機が勃発する。

二つめは、金融システムが、産業界によって偶然生み出された利益の大半を独占するケースである。金融危機から経済・政治危機が勃発し、これが社会統合の危機に至る場合である。

一般的に、こうした金融危機の二つのケースは相互に発生する。いずれの場合も、実在する財を生産することなしに、金融によって巨額のマネーを稼ぐことが可能となる。

金融はこれまでに大きな発展を遂げてきたが、金融危機はこれまで以上に、経済・政治危機の勃発の予兆となるようになった。危機は、以前のように物資の不足だけから起こるのではなく、生産過剰からも生じる。むしろ生産キャパシティに対して需要が充分でないことから生じる。つまり、経済にとってバランスの取れた資金調達を担保するという機能が、金融システムには欠如しているのだ。

しかしながら、こうした分析だけですべてを片付けることはできない。

では、なぜ金融危機によっては、経済危機にまで至らずに克服できるのか？

なぜ、われわれは、今日、未曾有の世界規模の金融危機状態にあるのか？

こうした謎を解くために、筆者は、われわれの社会のおもな原動力について再考する必要があると考える。すなわち、それは〝個人の自由▼〟という価値観の尊重である。この価値観の推進こそ、われわれの経済・金融システムの台頭を促し、矛盾を生み出してきたからである。

▼個人の自由　人類は、その歴史において、他のすべての価値観に優先させて「個人の自由」に最大の価値を見出してきた。服従を拒否し、不便を緩和するためにテクノロジーを発展させ、生活・政治・芸術・イデオロギーの自由を獲得してきた。言い換えれば、人類の歴史とは、権利の主体として個人が台頭してきた歴史であり、他者の自由を尊重するかぎり、個人には自らの命運を自らが司る権利があり、何事からも自由である状態を目指してきたのである。（『21世紀の歴史』より）

2……市場と民主主義、そして〈インサイダー〉

市場と民主主義のコンビが資本主義を発展させてきた

北ヨーロッパ、次にヨーロッパ全土、さらには全世界で、すべての価値観（正義・団結・継続性……）を差し置いて、〝個人の自由〟が優先されてきたと言える。

人類の生活条件は、いかに希少な資源を分配するのかというシステムに規定されてきたが、この目的を満たすための二つのメカニズムが発明された。それが「市場」と「民主主義」である。それはむしろ、労働・財・テクノロジー・資本などの各種の市場、そして新たな民主主義（国家・地域・市町村などのレベルでの）と言い換えたほうがよいのかもしれない。人類は、市場によって、私有財を生産・獲得するための希少な資源を自由に分配することが可能となった。そして、民主主義によって、公共財を生産・分配するための希少な資源を自由に分配することが可能となったのである。

歴史的には、常に非民主的な強権国家が市場を作り出し、次に、市場が中産階級を生み出してきた。資本市場の主人公である中産階級は、民主主義の漸次的な拡大によって勢力を持っていった（彼らは、資本主義社会を構成し、すべての市場における主人公となったのである）。

市場と民主主義は、相互に強化しあう。経済的自由なくして政治的自由は存在しないことから、民主主義は市場を必要とする。失敗もするし、公平でもなく、さらには効率的でさえない市場は、所有権・知的自由・起業家精神を保護するために、また生産手段をフルに利用するために、民主主義あるいは少なくとも国家を必要とする。

しかし、民主主義は原則として移り気な多数派によって支配され、彼ら多数派が国家組織を承認・管理する一方で、市場は生産手段を管理する人々によって支配される。市場の場合は、とくに一部の人々がもつ情報に応じて資本が分配されるが、こうした一部の人々が市場を支配する。本書において筆者は、彼らのことを〈インサイダー〉と呼ぶ。すなわち、銀行家、金融アナリスト、民間の投資家たちのことである。

市場を支配する〈インサイダー〉

本書で使用する〈インサイダー〉という言葉には、価値判断は含まれていない。

〈インサイダー〉の役割は有用である。彼らは、利回りからの判断だけでなく、市場の動向に対する深い洞察によって資金を適宜分配する手助けをする。現在においては、情報が最も希少な資源になっており、〈インサイダー〉は情報を独占することにより市場を支配している。

民主主義が完璧に機能して公平を課すことができるとすれば、すべての者が個別に同等の情報を得ることができるであろう。この場合、〈インサイダー〉は存在せず、むしろすべての人が〈インサイダー〉となる。つまりは、すべての人が同じ情報を持つことになる。公平さの欠如こそが〈インサイダー〉を生み出す。〈インサイダー〉は、特別な財、すなわちプロジェクトの収益性に関する経済的・金融的情報から特別な利潤を得る。これは不公平である。

すべての人が〈インサイダー〉であったならば、社会は、民間契約の並列状態の様相を呈するであろう。市場では、すべての経済主体が完全に平等な情報を持つことはない。したがって、国家は、平等の原則や、全国民に適用される社会保障を担保する社会契約を締結する必要がある。

また、国家は、〈インサイダー〉と一般市民との不平等の拡大を避けるために、〈インサイダー〉の活動を監視・規制する機関を設置する必要がある。だからこそ、経済・金融・財政政策は、景気循環をうまく制御し、需要・生産・雇用を維持できるのである。〈インサイダー〉は、リスクや潜在的可能性について事前に知りうる有利な立場にあるが、彼らがこの特権から生じる利潤を蓄積することを阻止するために、まずは金融市場に、次に各種市場に対し、政策的に規制を打ち出す必要がある。

新たな金融手法を編み出す〈インサイダー〉は、こうした手法が失敗に帰すことが明らかになったときでさえも、各種プロジェクトから一番うまみのある部分を独占できる立場にある。彼らは、サラリーマンでも投資家でもない。彼らは、一般的に取引のアレンジャーであり、資金運用の水先案内人である。彼ら〈インサイダー〉は、技術的・金融的革新によって新たに創造された富の大部分をわが物とし、企業の管理職さえも犠牲にするケースもある。

こうして現代社会では、〈インサイダー〉は、資本の所有者よりも重要な存在となった。彼らは、情報という一時的な超過利潤をもち、そこから利益を得て儲ける手段を心得ている。彼らは、おもにアメリカ在住であることはご存知の通りであるが、むしろ世界市民であり、金融ヴィレッジの住人であると言うべきだろう。

そして、その他もろもろのことは、〈インサイダー〉の存在からはじまったと言えよう。

3……〈インサイダー〉の特権と不誠実さ

市場と民主主義によって形成された「市場民主主義▼」とは、当然ながら調和の取れたものではない。

まず、個人の自由の実践に依拠する市場民主主義は、効率性については市場に信頼を置き、正義については民主主義に信頼を置くことで、他のすべての価値観より優先させた。とくに〝社会的連帯〟は影を潜めた。市場民主主義は、すべての分野で個人の自由を擁護した。つまり、それは意見を変える権利である。労働や同盟などの契約さえも、すべてが可変的なものとなり、不安定なものとなった。社会契約も同様である。個人の自由を束縛する取り決めを遵守する理由など存在しなくなり、自分以外の他者に誠実である理由も存在しなくなった。とくに、次世代に対して誠実である理由は存在しなくなった。現時点では、われわれの孫たちには、投票権がないからである。

こうして個人の自由の擁護は、優先される価値観を不誠実や貪欲に変えてしまい、雇用の安定や法の秩序を破壊し、利他主義▼と真っ向からぶつかることになった。情報を独占する〈インサイダー〉が、情報を共有しようとするわけがない。

▼市場民主主義　これまで人類の富を支配する秩序は、宗教に基づく「典礼の秩序」、軍事力が権力そのものであった「皇帝の秩序」、そして「市場の秩序」へと移行してきた。市場の秩序とは「市場民主主義」であり、これは紀元前一二世紀に発明され、西欧で一二世紀になって定着し、個人の自由を担保しながら富の創造・分配をつかさどる画期的なメカニズムとして機能してきた。市場の自由によって政治の自由も生み出され、宗教・軍人・君主などの独裁者の支配に代わって、民主主義を誕生させた。（『21世紀の歴史』より）

▼利他主義　他人の幸福・利益を目的として行動すること。愛他主義とも言う。仏語では「altruisme」。

彼らが共有に同意するとすれば、それはもっぱら自らの利益のために情報を利用し尽くした後の話である。

さらに、社会構成員のすべてを不安定な存在にすることでしか、金融システムは存続できないことをすべての人が感じ取るようになり、緊迫感や苛立ちが生ずるようになる。すべての人がリスクの増大を感じ取りはじめ、最大限の利益をできるかぎり迅速に入手しようと懸命になる。とくに、この不安定なマインドが蔓延することにより、〈インサイダー〉は、彼らが資金調達する企業や資金管理を受け持つ世帯や機関に対しても不誠実になる。すなわち、彼らが見つけた儲けのチャンスは、すべて自らのためだけにしか利用しなくなるのだ。

4……グローバル化する市場／グローバル化しない法整備

自由に資するはずであった「市場」と「民主主義」という二つのメカニズムの間には、大きな矛盾が存在する。

まず、民主主義は、あらかじめ設定された領土内でしか適用することができない。しかし、市場は、財・資本・テクノロジー・労働などのどの市場であろうが、その性質からして国境は存在しない。今日、世界規模の民主主義はまったく存在せず、これと同様に、いかなる分野においても世界規模の法制度は存在しない（ただし、一部のスポーツ、会計士のような職業の自主組織、国際航空機の安全対策などは除く）。

これとは反対に、世界規模の市場は存在する。とくに、資本市場がこれに該当する。資本市場は、国内の枠組みを超え、規制の網の目をかいくぐり、世界中に拠点を置き、とくにインターネットによるヴァーチャル空間を舞台として、他のいかなる市場よりも急速に進化・発展した。

これは、ほとんどの財やサービスの市場についても該当する。労働市場でさえも、他の市場関係者のためらいにもかかわらず、賃金は均一化され、労働者は移動するようになった。今日では、ほとんどすべての市場が世界規模となったとさえ言えよう。これには、国家の伝統に深く根づいていると思われていた市場もいくつか含まれている（例えば、料理、ファッション、ビューティー・ケア〔美容〕、ゲーム、娯楽などである）。

市場はグローバル化する一方なのに、法制度はグローバル化していない状態では、市場は、各国の法制度、そしてこれが依拠する民主主義を次第に凌駕していく。行政当局による金融市場に対する規制は、金融市場どうしが繰り広げる〈インサイダー〉にとって最も都合のよい法制度を確立するための競争により、骨抜きとなってしまった。

　かくして前代未聞の状態となった。かつてすべての国家では、国家が市場を創設し、次に市場が民主主義を生み出してきた。そして、民主主義が国家システムの変革を要求してきたのである。

　ところが、二〇世紀後半に入り、国家は市場を創設することも規制に乗り出すこともなく、市場は世界規模で自己増殖していったのである。こうして、世界規模で法をきちんと整備できる機関が、まったく存在しない状態となった。もはや、かつてのように、解体すべきバスティーユ▼も、奪取すべき冬宮殿▼も存在しなくなってしまった。

　われわれは、純粋・完全な市場という理論上の状態に置かれることになったが、市場は当然ながら効率的ではなく、最適以下の状態しか作り出すことができない。つまり、市場によって生産キャパシティがフルに利用されることも、資源が公平に分配されることもない。これこそが、現在の状態である。

　必要とされる法の整備を怠ったことから、金融の無法地帯が増殖した。「合法性が欠如した経済」、非合法な経済や犯罪的な経済が拡大した。人々は、社会契約に属するはずである事柄も、民間契約にゆだねるように追いやられた。公共サービスは、社会保障や公平を担保する領域も含め、ますます民間主体によって

▼バスティーユ　一七八九年、パリの民衆が、弾圧の象徴だったバスティーユ牢獄を襲撃し、フランス革命の発端となった。

▼冬宮殿　サンクトペテルブルクの旧ロシア帝国の宮殿。一九一七年、ロシア二月革命によってロシア帝政が崩壊した後、臨時革命政府が置かれた。同年、ロシア一〇月革命が勃発、レーニン率いるボリシェビキは、冬宮殿を攻撃して政権を奪取した。

まかなわれるようになった。

民営化の動きはさらに加速する。今後、形成される財産、獲得できる所得、アクセスできる情報などについて、社会的格差は著しく広がるだろう。

つまり、金融資本主義が勝利したのである。

5……金融資本主義の勝利

現在の危機にまで至った過程を見てみよう。

まずは、情報が平等に流通しなくなった。

情報を利用できる者は、情報を得てこれを最もうまく利用するために、新たな金融手法を開発した。彼らは、それからも絶えずこうした金融手法を開発しつづけていく。

情報アクセスの不平等により、まずは供給過剰となるが、非〈インサイダー〉の私財を担保とした債務によって需要を増やし、需給ギャップが補填された。これにより、消費が拡大し、経済成長が促され、資産価値の上昇が維持された。

資産価値の上昇により、実際の富の創造によってまかなうことができる範囲を超えた、さらなる債務が可能となった。

金融資本主義から最も恩恵を受けたのは、〈インサイダー〉である。彼らは金融手法を駆使して、最貧者である借り手と、金持ちである資金の出し手を、同時に惹きつけることができた。

最貧者は、いずれ高金利を支払わなければならないことなど思いもよらなかった。金持ちは、リスクの高い金融商品を購入させられたとは思いもよらなかった。一方、〈インサイダー〉といえば、年末のボーナスのことだけで頭がいっぱいなのであった。

洞察力のある者は、こうしたブームが、資金の出し手、あるいは借り手が犠牲となって、おそらくは両者が犠牲となって、いずれ終焉するであろうことを見抜いていた。そこで〈インサイダー〉は、資金移動や借り入れのメカニズムを複雑きわまりないものにして、自分たちの利益が最大限に保護されるように、あらゆる手段を講じた。

その一方で、こうしたブームが長続きしないことを悟った〈インサイダー〉は、国民の労働所得を減少させ、その分、自らの取り分をさらに増やした。リスクが増大するにつれ、そして危機が迫るにつれ、彼らはその取り分を増加させた。

言い換えると、この理論に従って、〈インサイダー〉の報酬額は、危機が迫るにつれて増加した。けっして減少したのではないのである。

以上が、金融危機に至るまでに起こったことの詳細である。

6……金融危機の勃発

〈インサイダー〉以外の一般人が、債務と資産の異常な膨張が維持不可能だと実感したとき、〈インサイダー〉は、彼らの金融商品が価値を失ったことを察知した。

そこで彼らは、自分たちが維持してきたシステムから、自分たちだけが抜け出そうとした。こうした動きが、出口を求めて殺到する現象を生み、パニックが生じた。

全員が債務から逃げ出し、現金化を急いだのである。金融システムは麻痺状態に陥った。銀行がマネーをストックしたことで、経済には資金不足が生じた。これは、かつて旧ソヴィエト連邦において、消費財のストックによって市場に物資が出回らなくなったことと、そっくりである。このストックにより、経済は窒息状態に陥り、経済停滞、さらには不況へと突入することになる。

一般的に、こうした厳しい時代においてさえ、〈インサイダー〉の支配的地位は安泰である。彼らは、国家の支援を取り付け、国家に彼らの損失を補填させ、彼らが食い物にしてきたシステムを救済させた。

彼らは、これまでのように預金者やサラリーマンから利益を吸い上げることができなくなることから、納税者に自分たちの儲けを負担させようとさえ企んでいるのである。

7……解決策——法整備によって市場のバランスを取り戻す

こうした分析により、現在の金融危機の発生から不況に至った過程の全体像が見て取れたと思う。この危機は、予見することさえ可能であったのである。

この分析アプローチを用いることで、この危機の解決策は二つあることがわかる。

一つは、市場を国境内に限定し、国内の法整備を行なうこと。すなわち保護貿易主義や競争減退に回帰することである。

もう一つは、地球規模となった市場に対して、法整備を施すこと。すなわち、できるかぎり民主的な統治制度を、地球規模で構築することである。民主的な統治制度といっても、ごく少数派の〈インサイダー〉がリスクや情報の独占から利益を抜きとって不当にわが物とすることを許さない、市場をきちんと規制する能力が必要とされることは言うまでもない。

前者の解決策が、一九三〇年代の世界大恐慌で試みられたことは、その結果を含めて皆さんご存知の通りである……。今日では、この解決策は、経済の相互依存の関係、分業体制の確立、資本・財・さらには労働市場が複雑に入り組んだ状態であるといった理由から、一九三〇年代よりも、さらに悲惨な結果をもたらすであろう。

後者の解決策では、少なくとも金融市場では効果的な法整備によってバランスを取り戻すことや、監視・規制メカニズムにより、情報が公平に配信され、すべての人が同時に情報を手に入れることが求められる。なお、情報アクセスに関してある種の特権を解消することができない場合には、少なくともこれをやわらげる必要があるが、このためには地球規模で他人にすべてのリスクを背負わせる人々に対しては、彼らにもリスクを部分的に引き受けさせるとともに、資金の流れを監視する仕組みをつくる必要がある。実体経済に影響をおよぼす先物市場を制限することや、〈インサイダー〉が仕掛けた債権の一部は帳消しにする必要もあるだろう。共同で「バッド・バンク▼」の規定を明確にする必要もある（バッド・バンクが引き受ける資産の範囲や、その価値評価のあり方について）。

世界の預金は、きちんとした情報開示に基づいた契約によって、公明正大に分

▼バッド・バンク 公的資金を用いて金融機関の不良資産を買い取る、資産管理会社のこと。日本の「整理回収機構」がこれに当たる。

配されなければならない。また、預金のない国の債務は、その国の純生産によって財政をまかなえるようなレベルまで削減する必要がある。そして〈インサイダー〉が要求する利益を、実体経済の収益性レベルにまで制限することが必要だ。格付け機関★のような監査機構は、報復手段としてではなく、市場をきちんと機能させる唯一の管理手段として、国有化することも考えられる。

こうした解決策には、これらのルールに反する対象を、すべて管理・処罰することのできる、地球規模の取締り制度や司法制度を構築することが前提となる。最後に、各国単位で機能してきた公共事業や中小企業支援システムなどを、地球規模で実行する必要がある。とくに、コミュニケーション・ネットワークの確立により、稼働準備ができている経済主体に幅広く情報を配信すれば、〈インサイダー〉を解体に追い込むことができる。

筆者の提案が、夢物語のように聞こえる人もいるかもしれない。だが、これこそが、唯一無二の解決策であり、早急に取り組む必要があるのである。今回の金融危機を、またもや傍観してやりすごせば、危機はさらに深まり、さらに市場に対する人々の信頼は失われる。そして、現在の民主主義制度は、自らが作り出した「ゴーレム▼」を操ることができなくなったと、制度自体が批判の対象となっていくだろう。そして、個人の自由という理想は、かつて社会主義の説く理想が輝

★**格付け機関**　巻末の「基本用語」を参照。

▼**ゴーレム**　ユダヤの伝説に登場する、生命を与えられた泥人形。作った主人だけの命令を忠実に実行するが、あやつるには厳格な決まりが数多くあり、それを守らないと狂暴化し、人間に被害を与える。

いて見えた時代のように、今回もまた再審に付されることになってしまうであろう。

したがって、この解決策は、きわめて具体性のある切迫したものなのである。つまり、航空機の安全対策やサッカーに関しては国際的なガバナンスは効果的に機能しているのに、金融に対してだけ同じような国際的なガバナンスを施すことができないわけはないだろう、ということなのだ。

第６章

金融資本主義への処方箋

緊急プログラム

1……われわれは何をなすべきか？

金融資本主義を法の枠組みに囲い込むために

金融危機は、まだ制御可能である。

われわれの時代には、今回の金融危機を、予期せぬトラブルの範囲に収めるための人的・金融的・テクノロジー的手段が存在する。

世界経済に圧《の》しかかる脅威の深刻さ、そして、これまで述べてきた理論的な分析によって、資本市場の変動の被害国をはじめ、すべての国において整合性のあるプログラムを実施する必要があることは明らかだろう。このプログラムの唯一の目的は、国内・大陸・地球規模で、民主主義勢力によって市場の暴力を緩和して、両者のバランスを取り戻すことにある。まずは、法整備によって金融市場を制御することでバランスを取り戻すことである。

〝新たなブレトン・ウッズ体制▼〟の必要性を語る者もいる。たとえドル相場の安定に関心が集まろうとも、または、世界単一通貨の発行が将来的に必要とされる

▼新たなブレトン・ウッズ体制
今回の金融危機を受けて、ブラウン英首相は「新たなブレトン・ウッズ会議」の必要性を語り、また、サルコジ仏大統領は「ドルは、もはや基軸通貨だと言い張ることはできない」と演説し「新たなブレトン・ウッズ体制」の構築を主張した。そのため、金融危機対策のために緊急で開かれた「G20金融サミット」（二〇〇八年一一月一四～一五日）は、「新ブレトン・ウッズ会議」として、ポスト・ドル体制に向けた歴史的な通貨会議、新たな世界秩序を模索する第一歩と報道するメディアもあった。アタリのこれらの発言は、そうした論調を意識してのことと思われる。しかし、このG20金融サミットは、実際には、金融危機・不況対策、金融規制、IMFを中心とした国際通貨体制の三つについて議論さ

としても（誰もその実現を信じている様子はないが）、緊急の課題は、通貨の問題ではないのである。大恐慌を回避したいのであれば、通貨ではなく、もっと大枠での議題が必要であり、大胆な改革が要求されるべきだろう。

きわめて論理的に考えて、世界金融システムに透明性と信頼を再構築するためには、これまでになく多数の規制を要求するガバナンスを、世界金融システムにおいて組織することからスタートすべきであろう。

こうした試みに対し、こうしたシステムが官僚主義に陥るという弊害を指摘する者もいるが、それは誤りである。企業であれ、ましてや銀行であれ、すべての人間組織は「官僚主義」をともなう。問題なのは、それが誰のためのサービスとなっているかであり、またそれが最も効率的な方法で、その機能を満たすために、きちんと監視されているかということである。金融に関するこれまでの歩みを振り返ると、市場の独創性やテクノロジーの進化に絶えずうまく順応してきた規制は、経済成長にとって必要不可欠なものでもあるリスクを消し去るのではなく、むしろ囲い込んできたということがわかる。

多数のクリエーター▼・改革者・起業家が、他者の「個人の自由」を侵害する限界にまで、自由にリスクに挑むことが、世界ではこれまでになく必要とされている。その一方で、金融資本主義が自ら率先して姿勢を正すと考える者は、当然な

れたが、ブッシュ米大統領がホストだったこともあり、具体的な内容に踏み込まれることはなく、二〇カ国で経済問題を協議するという枠組みができたことが最大の成果と言えるものとなった。

▼クリエーター　アタリは、独自の概念としてこの言葉を使用しており、産業・流通・市場・社会・学問・芸術などのすべての分野にわたって、創造的な改革をしていく人々を指し、経済・社会を発展させていく「階級」として捉えている。アメリカの都市経済学者リチャード・フロリダによる「クリエイティブ・クラス」という概念を、さらに発展させて使用している。歴史的に、〈中心都市〉は「クリエーター階級」を集めることによって繁栄をしてきた。為政者が彼らを追放すると、〈中心

がら誰もいない。現在、金融資本主義は、自らの過ちの後始末を納税者に押し付けようと企んでおり、納税者が将来に不安を抱き、これをしぶしぶ引き受けるよう、金融資本主義は何でもやってのける構えである。

そのうえ、納税者が金融資本主義を救済するや否や、金融資本主義の傲慢さはよみがえり、自らの便益のためだけに他者を債務に追いやりながら、ふたたび利益を貪欲に追求しはじめるだろう。

したがって問題は、資本主義に「道徳観を植えつける」ことではなく、資本主義を法制度の枠組みに囲い込むことである。

"最終警告"としての金融危機

これまでの経緯からも、金融の監視が公益的な機能であることは明らかであり、部分的にでさえも民間部門にゆだねることは許されない。また、政府も自国の都合によって他国にとって危険となるルールを課す恐れがあることから、金融の監視を政府だけにゆだねることも許されない。緻密に設計された地球規模の規制の内容は、絶えず再検討される必要があるが、この規制によって、アンバランスを予見し、とくに公的資金が銀行に注入されるような事態を避けることを可能としなければならない。

都市〉といえども没落してきた。クリエーター階級とは〈超ノマド〉(182頁の注を参照)であり、〈中心都市〉の栄枯盛衰に最も敏感である。(『21世紀の歴史』参照)

今回の金融危機は、世界を救済するチャンスでもあることを認識するべきであろう。つまり、無秩序なグローバリゼーションが大惨事《カタストロフ》を引き起こす可能性があるが、今回の金融危機は、その寸前の〝最終警告〟であるとも言えるのである。

この最終警告を真剣に受けとめるためには、次に掲げるシンプルな問いを自問するべきである。

・国家単位では成功してきたことが、なぜ地球規模では実行できないのか?
・世界的な統治システム(つまり超国家的な行政・警察・司法システム)を、ゼロから設立できないのか?
・ケインズ主義的な福祉国家を、世界レベルで実現することはできないのか?
・世界経済は、現在の資源浪費型の経済成長を、これからもつづけていくのか?それとも、エコロジーへ配慮した経済成長に転換できるのか?

これまでの分析に従って、まずは各国経済における秩序の立て直しが必要である。これは、すべての発端であるアメリカ経済から着手するべきである。

次に、規制を施し、超国家的ガバナンスを構築する。

最後に、経済成長を新しい方向に導くための、地球規模の公共事業を打ち出すのだ。

　そのためには、次節で述べる措置を、すべて行なう必要がある。実行の難易度が低い順に並べてあるが、残念なことに、この順番は緊急性の低い順でもある。現在、一般的に議論されていることが、ここで提言する措置と、どれほどかけ離れているかが、ご理解いただけるであろう。

2……各国経済における秩序の立て直しのための緊急プログラム

　今回の危機により、世界各国において国家財政の秩序の建て直しが要求される。まずは、すべての発端であり、帰着点でもあるアメリカの国家財政から着手する必要がある。

　バラク・オバマが大統領に就任したとき、アメリカでは誰もが危機の進行を感じ取っていた。大恐慌がはじまった時期に大統領に就任したフランクリン・ルーズヴェルトや、フォード型産業社会モデルが危機に陥った頃に大統領に就任したロナルド・レーガンが、大型景気対策を実施したように、バラク・オバマは経済再生のための包括的プログラムを実施しなければならないであろう。アメリカには、G20金融サミットでの決定事項やガイトナー計画以上の取り組みが求められ

▼どれほどかけ離れているか　ノーベル賞経済学者ジョセフ・スティグリッツを委員長とする、国連「国際通貨・金融システム改革専門家委員会」が、金融危機への対策を勧告するため発足したが、二〇〇九年三月一九日、ロンドン「G20金融サミット」に向けて報告書を発表した。金融機関の世界的な規制、IMFの基金統治改革、米ドルに代わる基軸通貨の創設、世界経済理事会（経済における「安全保障理事会」に相当する）の創設など、大胆な改革が提言されており注目を浴びている。本書のアタリの提言ほど抜本的でダイナミックなものでないが、一部重なる部分もあり、読み比べてみると興味深い。

▼ガイトナー計画　ガイトナー

る。

また、他の諸国も、自国の特殊事情に応じて、アメリカと協調しなければならないであろう。

このプログラムの主眼は、次の通りである。

・銀行の自己資本の増強、銀行間取引の大幅な向上、銀行の流動性や健全性の回復、必要に応じてすべての銀行が保有する資産に保証を付与する。

一方、銀行に対しては「バーゼルⅡ▼」による拘束と抵触することがあっても、景気循環に応じた資金需要に対応することを義務づける。

長期の資金調達を行なう金融機関に対しては、本当の資本となるものだけを自己資本の基本的項目に計上させる。それによって、この基本的項目をより厳密に定義するとともに、価値変動の激しい会計基準は採用しない。

・投機的資産価値に基づいた金融手法は禁止する。銀行に対し、最もリスクの高い金融商品に関連したリスクの一部、とくに銀行が証券化した債権をバランスシートに計上することを義務づける。

プライベート・エクイティ★投資会社の当事者に対し、彼らの投資額に対する

米財務長官が発表した、米金融機関救済のための不良資産買い取り計画「官民投資プログラム」（PPIP）のこと。

▼バーゼルⅡ 70頁の注を参照。

★プライベート・エクイティ 巻末の「基本用語」を参照。

過剰な借り入れを禁ずる。また、信用取引については、その種類によっては禁止し、とくに銀行の関与は認めない。

・銀行によっては、少なくとも部分的に国有化を断行し、経営権を握り、特別な整理回収機構によって「毒入り金融商品」を隔離する。銀行がふたたび寡占化することを阻止する。金融関係者に対する過剰な報酬を禁止し、彼らのボーナスの支給額は、複数年の実績に基づいて計算する。

・最低賃金の引上げ、労働組合の再強化、所得税改革によって、民間の需要を持続的に支援する。

・不況にあえぐ産業部門を、少なくとも銀行と同程度に支援する。支援条件として、産業の近代化やエコロジーへの配慮を課す。

・中小企業の近代化を図るために、中小企業向け融資を実行する。

・疾病の際の所得を保障する社会保障システムを設置し、医療費は国家が負担する。さらに、失業手当の給付期間を延長する。

・これまでより安価かつ安定的な価格で住宅を供給することで、住宅市場を安定化する。とくに住宅ローンについては、一九三三年にルーズヴェルト大統領が打ち出したニューディール政策の要でもあった「住宅所有者資金貸付会社」▼（ＨＯＬＣ）をモデルとする国家組織による担保付融資全体の再調整により、ローン返済のモラトリアム期間を設ける。

・技術者や研究者の社会的地位を向上させ、これとは逆に、銀行関係者は抵抗するであろうが、銀行職を慎ましやかで退屈な職種に格下げする。また、この目的を遂行するために、金融関係者の所得に対し、厳密な上限を設ける。

・インフレの定義に、動産ならびに不動産の資産価格の推移を組み入れる。というのは、サラリーマンが消費する製品価格の推移だけでインフレ値を表わすことはできないからだ。

・債務返済が可能となるように、金利所得に対して減税措置を設ける。

▼**住宅所有者資金貸付会社（ＨＯＬＣ）**　不良債権化した住宅ローンの買い取りを行なう機関として設立され、一九三六年六月までの時限的措置として一〇〇万件にのぼる住宅ローンを金融機関から買い取った。買い取ったうえで、借り手に対し期間三〇年・元本分割返済型の住宅ローンを提供した。長期・元本分割返済型への借り換えによって、債務者の返済負担軽減を図った。

・経済全体の債務を、ＧＤＰ比四五〇％から、少なくとも一〇〇％にまで大幅に漸次削減する。

・このプログラムは、財政赤字がアメリカで一兆ドルを超えないように、特別税制措置を講じながら実行する。

まずは、アメリカにおいて、こうした包括的措置を適用した後に、日本やヨーロッパ諸国といった関係国も、これに追随させるものとする。

フランスでは、こうしたプログラムは、「フランス経済成長解放委員会」▼の提案のなかに書き込まれている。こうした措置の総括的適用がこれまでにも増して急務となっている。

3……ヨーロッパ内の規制強化のための緊急プログラム

金融危機とユーロ

▼フランス経済成長解放委員会　サルコジ仏大統領が、アタリの著書『21世紀の歴史』を読み感銘を受けたことによって、二〇〇七年、設置したフランス大統領諮問委員会。アタリを委員長とし、仏経済界の大物、ベンチャー起業家、学者などが集められた。フランスでは、「アタリ政策委員会」と通称されている。

ヨーロッパでは、まずはＥＵ各国において、前節の各国経済への「緊急プログラム」で掲げた改革が実行されるべきであり、ＥＵ各国には、それぞれ独自の規制手段が付与されるべきである。現実問題として、ヨーロッパ規模の金融制度の改革でさえ四苦八苦している状態では、国際金融システムの改革を正面から主張することなどできるわけがない。

確かに、ヨーロッパにはすでに単一通貨があり、ユーロは今回の金融危機の防波堤となった。ヨーロッパ域内の競争に関する共通政策は、銀行部門にも適用されるべきである。だが、金融ガバナンスをヨーロッパ共通の政策にする動きはまったくみられない。ヨーロッパでは、金融部門における各国の政策統合が遅れているのである。

例えば、ヨーロッパでは、デリバティブ商品は、国によっては禁止されているが、これを認可している国も存在する。投機行為は、ヨーロッパの金融市場によっては推奨されているが、これを激しく批判している金融市場も存在する。さらに、ヨーロッパには、タックス・ヘイブンやオフショア金融市場の定義に関する共通の見解さえ存在しない。また、資本課税に対する共通の見解や、先物市場やヘッジファンドに対する共通の規制も存在しない。金融市場に対する共通機関もないのである。

さらに、「フランス金融市場庁」（AMF）や「米証券取引委員会」（SEC）に該当するヨーロッパの機構は存在していない。この問題に関して、EU指令▼が待ち望まれるところである。というのは、金融市場の規制に関して、ヨーロッパは、ウォール街、連邦準備制度理事会★（FRB）、SEC、米財務省、そしてアメリカ人が牛耳る国際会計基準を作成する民間組織（「国際会計基準審議会」IASB）のルールに服従しているからである。さもなければ、ヨーロッパは、オフショア金融市場という異国情緒あふれる場所に拠点をもつロンドン金融市場シティー▼の規制に従うか、ルールなしのジャングル状態になるかなのである！

EUは何をすべきか？

EU加盟国、あるいは少なくともユーロ・グループ諸国は、すべてのヨーロッパの金融関係者を監視できる域内機関（これは単なる各国規制当局からなるネットワークではない）を設立すべきであろう（とくに銀行以外の金融関係者に対する監視は重要である）。ヨーロッパの金融機関によるEU圏外に位置するオフショア金融市場やタックス・ヘイブンでの活動を禁止し、各国の共通見解を練り上げて具体的な禁止事項を定めたうえで、EU圏内、とくにシティーでの金融取引を監査する必要があるだろう。

▼EU指令　EUの共同体立法の一つの形態で、「指令」が採択された場合、EU加盟国には、指令の目標を達成する義務が生じ、国内法や国内規定を制定または改正しなければならない。ただし、加盟国は目標を達成する義務を負うが、達成の方法や形式については各国に任せられる。

▼オフショア金融市場という……ロンドン金融市場シティー　シティーは、第二次大戦後、基軸通貨の地位をドルに奪われ威光を失ったが、一九五七年以降、ユーロドル市場の創設によってオフショア金融市場への道を拓いてから、世界第一の国際金融市場として再び君臨しはじめた。シティーのタックス・ヘイブン的戦略は否定しがたいものであり、過剰なまでの外国の銀行の存在が、そのことを物語

さらには、最後の貸し手となるヨーロッパ機関を設立する必要があるが、これは、「欧州中央銀行」★（ＥＣＢ）でも、各国政府でも、「欧州投資銀行」▼（ＥＩＢ）でもなく、新たな機関を設立するべきである。この機関は、経営困難に陥った金融機関が将来性のある場合に、経営支援することを使命とし、その金融機関に対して資本参加したり、劣後債▼を引き受けるかたちで資金を供与できるものとする。

救済される金融機関が株主となる国家だけの利益を重視することで、ヨーロッパ統合の進展に支障がきたさないように、欧州委員会▼はヨーロッパ全体の共有の機関、いわば「ユニオナイゼイション」▼を推し進めるとでも表現すべき機関を持つべきであろう。欧州委員会は、ヨーロッパの銀行の自己資本価値を減少させる「毒入り資産」を、特別整理回収銀行（バッド・バンク）に隔離することができるものとする。これについては、一九九二年のスウェーデンの成功▼が参考になる。

今日、欧州委員会は、企業の株主になることや、中央銀行による自己資本の基本的項目の規制変更に異議を述べることさえ、法的に許されていない。また、欧州委員会の財政規模を、ＥＵのＧＤＰの一・二八％までに拡張したとしても、予算不足からこうした財源を拠出できる見込みはいっさいない。ヨーロッパの銀行システムの健全性に関連した懸念に加え、ＥＵ加盟国によっては財政破綻が予想されている。

っている。イギリス全土の全銀行が所有する全株式（国内外をあわせた）の約五〇％を、外国の銀行が保有している（アメリカは約二〇％、フランスは約一〇％）。フランス議会の調査によると、シティーは、不透明な金融取引に関わるあらゆる工作の舞台となっている。したがって、シティーは疑いもなく、地球で一番のタックス・ヘイブンなのである（ロナン・パランほか『タックス・ヘイブン』作品社より）。

▼欧州投資銀行（ＥＩＢ） ＥＵ（現加盟国は二七カ国）のバランスのとれた発展を目標に掲げ、産業や中小企業の国際競争力の向上、環境保全、エネルギーの安定供給に貢献する事業やヨーロッパ統合に資する基盤整備に関する事業に対して融資を行なう政策金融機関。法人格

EUがこうした問題に対処しない場合には（現況では、EUが腰を上げる様子はない）、G20金融サミットでも問題解決とはならないであろう。小手先の政策と問題の先送りは、現在よりも、さらに悲惨な危機の到来を招くだけだろう。

4……国際金融システムに規制を施すための緊急プログラム

国際通貨基金（IMF）が、世界単一通貨を発行するなどということは、まだ想像しうる範疇にはない。IMFを、他の機関によって代替ないしは補完することによって、国際金融システムを管理するべきだという雰囲気すらまだない。しかしながら、今日、散在しているすべての監査機関をまとめ上げて強固にする必要がある。IMFのあるべき姿を、次に列挙してみたい。

・IMFは、これまで筆者が述べてきた、各国の行政当局が各国において取り組むべき金融改革などについて合意する場とする。

・IMFには、最後の貸し手となるための財源を付与する（現在、IMFは全世界を救済するために、たったの〇・二五兆ドルしか保有していない）。IMFの

を有しており、EU加盟国は共同で出資しているが、財政上はEUから独立している。

▼**劣後債**　債務返済が、他の債務に劣後する債務。つまり、その金融機関が破綻した時、他の債務への弁済を済ました残りの余剰資産からしか弁済されない。このため、普通の債券による資金よりは、株式発行などによって得られる自己資本に近い性格の資金となる。

▼**欧州委員会**　EUの政策執行機関。

▼**ユニオナイゼイション**　ユニオン化。EU（ヨーロピアン・ユニオン）による共有化という意味合いだと思われる。

▼**一九九二年のスウェーデンの成功**　スウェーデンは、一九九

財源確保のためには、トービン税▼の構想を参考にして、金融機関の国際通貨取引に特別な課税をするなどの手段が必要となるのかもしれない。

・ＩＭＦは、超国家的な金融規制を行なう場とする。このために、タックス・ヘイブン（租税回避地）を含めたすべての国や地域に対し、これまで述べてきた規制や課税・金融情報の交換についての包括的手続きに関する規制を遵守させるために、「グローバルな金融規制システム」を構築する必要がある。

・「国際決済銀行」（ＢＩＳ）は、ナチスの片棒を担いだ責任によって一九四五年に解散するべきであった、無能でけしからん非公式な存在である。ＢＩＳを解散させ、ＩＭＦは、その役割を引き継ぐものとする。一九四五年以来、ＢＩＳは、ごく一部の中央銀行の銀行家たちだけの秘密社交クラブとなっている。

・ＩＭＦは、預金保護の上限や自己資本比率に関する基準を設ける。また、ＩＭＦは、「バッド・バンク」が適用される範囲や価値基準を定め、とくに「クレジット・デフォルト・スワップ★」（ＣＤＳ）などの「デリバティブ商品★」に対して国際的な規制を施す。銀行の自己資本比率に関する「バーゼルⅡ」や「国

〇年代初めに「バブル経済」が崩壊、金融危機に陥った。政府は、一九九二年九月、同国の銀行免許を持つ全銀行の債務を政府が保障すると発表。そして一九九三年五月、「金融機関支援委員会」（ＢＳＡ）を設立し、経営悪化した銀行に公的資金を投入するとともに、「特別債権回収銀行」（バッド・バンク）を設立し不良債権を分離移管し、優良資産を銀行に残してグッド・バンクは存続させるといった施策を行なった。公的資金を投入するにあたっては、保有株式の引き渡しを株主に求め、政府が金融会社の株主となった。そして、グッド・バンクは、リストラ策などにより業績を回復させ、政府は保有株の一部を売却し、国有化の際に投入した資金を回収した。バッド・バンクは、専門家の助言を求め再生可能な事業は多様な方法で

際財務報告基準」（ＩＦＲＳ）に代わって、ＩＭＦは国際的な要求をきちんと組み入れた政策を打ち出す。

・ＩＭＦは、格付け機関★を非営利団体にして監査を実施する。

・ＩＭＦは、金融機関としての活動キャパシティを管理する。世界中どこで活動しようが、金融機関は、ＩＭＦメンバー諸国の承認が必要となる。したがって、国際金融規制システムに加盟することが、金融機関としての活動条件となる。

・ＩＭＦは、こうした金融規制の適用のために、またオフショア金融市場に関する共通見解を作り上げるために、国際司法当局と協力のうえで、具体的かつ効果的な手続き手段を持つこととする。ＩＭＦは、とくに各国において銀行がふたたび寡占化することを阻止し、金融商品のトレーサビリティ▼を確保する。

・ＩＭＦは、アメリカを含めたすべての国の債務再構築を組織するために必要な権限を持つこととし、財政再建中の国の経済政策に新たな方向性を持たせるために介入できる。ＩＭＦは、各国の政策金利の統一政策を指導しなければなら

再建し、再建不能な事業は不動産や株式に転換するなど、様々な手法を用いて付加価値を高めて売却した。その結果、スウェーデンの金融危機は約二年で収束し、一九九八年には財政は黒字に転じた。同時期にバブル崩壊が起こり、不良債権処理をしっかりと進めぬまま「失われた一〇年」に突入した日本とは、大きな違いを示した。

▼トービン税　投機的な国際為替取引を抑制するために、低率の税を課そうという課税案。ノーベル賞経済学者ジェームズ・トービンが、一九七二年に提唱した。長らく忘れられていたが、一九九七年、フランスの『ルモンド・ディプロマティック』紙が「金融市場の暴走を食い止めるためにトービン税を導入すべきである」との社説を掲載したところ、大きな反響を呼

ない。そこで、ＩＭＦは、各国の中央銀行に対し、資産価値の上昇率が平均して賃金の伸び率よりも大きくならないように、資産インフレ退治を要求できる。

・ＩＭＦは、預金者のマネーが本当の富の創造に資する投資対象に配分されているかを注視し、金融システムによって預金者のマネーが富の創造から逸脱することを許さない。ＩＭＦは、とくに長期的な資金の出し手、例えば、産油国など自国以外で投資することが可能な資金源について研究する必要がある。

・最後に、ＩＭＦは世界単一通貨について、ケインズの提唱した「バンコール▼」をモデルとするか、少なくとも米ドル・日本円・中国元・ユーロなど複数の通貨で構成する「通貨バスケット▼」にするかの検討をはじめる必要▼がある。この単一通貨は、将来的に下落が不可避と思われるドルの役割を引き継ぐものとする。世界単一通貨がなければ、保護貿易主義への回帰は不可避である。

5……世界統治システムの構築

地球規模での協調した発展の条件ともなる、市場と民主主義のバランスを確立

び、世界的に広がるグローバリゼーション批判の社会運動の目標の一つとして掲げられるようになった。トービン税は、〇・一％という低い課税率でも、世界で年間二〇〇〇億ドル近くの税収をもたらすと推定され、これを途上国支援や不平等の是正、環境問題の解決のために使用するべきだと主張されている。

▼トレーサビリティ　商品の生産・流通に関わる履歴情報を、購入時点から生産時点にさかのぼって追跡できること。

▼バンコール　経済学者ケインズが、ブレトン・ウッズ会議で提案した国際単一通貨。金本位制に代わり、金など三〇種類の基礎財をベースにすることが構想された。「バンコール（Bancor）」とは、英語のbank（銀行）に、フランス語のor（金）

するためには、論理的に考えて、世界的な権限を行使できる機関を設立しなければならないだろう。こうした機関には、次に掲げる機能を付すこととする。

議会（一人一票）、統治機関、「世界人権宣言」（UDHR）やその後の議定事項の地球規模での実施、労働者の権利に関する「国際労働機関」（ILO）による決定の遵守、中央銀行、単一通貨、地球規模の税制、地球規模の警察や司法、国際的な最低賃金、地球規模の格付け機関、金融市場の国際的監査である。

当然ながら、これらすべてが実現に至るまでには、まだ、かなりの長い時間を要するであろう。第二次世界大戦の直後に「国際連合」が創設されたように、これまで述べてきた改革案が真剣に検討されるようになるためには、われわれは、さらに悲惨な戦争を経験しなければならないのであろうか。

6……地球規模の大型公共事業

規制システムによって管理される地球規模の経済は、新自由主義が各国で猛威を振るった際に発生したのと同じ経済危機に見舞われる可能性がある。こうした惨事を避けるためには、社会的プロジェクトの枠組みをきちんと整備して、本当に助けを必要とする人々に資することができるような仕組みを構築する必要があ

を組み合わせたケインズによる造語。58頁を参照。

▼通貨バスケット 複数の通貨で構成される仮想通貨のこと。実際の紙幣や硬貨としては存在しないが、通貨単位として、国際取引などにおける計算や基準として利用される。複数の通貨を選んでバスケット（カゴ）に入れ、一つの通貨のように見なすということから名づけられた。IMFの「特別引き出し権」（SDR）はこの一種で、一九六九年、ドルや金を補完するために創出され、主要国際通貨（米ドル、ユーロ、ポンド、日本円）のバスケット方式で構成されている。

▼検討をはじめる必要 二〇〇九年四月一〜二日、ロンドンで開催された第二回「G20金融サミット」で、米国は、ドル基軸

る。

　また、現在の世界銀行よりも大きな権限を世界統治システムに付与することで、社会正義を組織し、国際規模の大型公共事業を推進できるようにすべきであろう。こうして、過剰な楽観主義や過剰な悲観主義を同時に埋め合わせる景気循環に対する投資が可能となる。

　これらの大型公共事業によって、経済は、とくに、非公害型の産業活動、再生可能エネルギー・テレコミュニケーション、都市部のインフラ整備に向けて大きく誘導され、とくに公平な情報ネットワークの発展が促されなければならない。これらの大型公共事業の財源は、温室効果ガス排出に対する課税によってまかなうものとする。

7……比較的迅速に取り組むことが可能な五つの事項

　今回の金融危機に対して、傍観するだけ、あるいは、これまでのように、ほぼ無策ですごす可能性は高い。誰も望まない大惨事《カタストロフ》が発生し、大きな痛みをともなう改革が課せられないかぎり、誰も超国家的な解決策を推進しようとは思わないであろう。アメリカはとくに反発するであろう。▼ヨーロッパが少しまとまり、今

通貨体制のままで各国が景気対策を行なうように求めた。中国とロシアは、IMFの「特別引き出し権」（SDR）を、ドルに代わる新たな準備通貨とする可能性に言及し注目を集めた。

▼アメリカはとくに反発するであろう　ロンドンでの第二回「G20金融サミット」では、IMFのSDRをドルに代わる新準備通貨にという提案を、アメリカは「非現実的である」と一蹴した。なお、アメリカ国内には感情的な反発が出はじめており、米下院議員ロン・ポール（共和党）は、「新たな通貨体制と世界的な中央銀行が作られ、世界の全天然資源をも管理下に置くような世界政府が、作られていこうとしている。G20金融サミットは、国家主権が奪われていく流れの始まりとなりうる」と発言した。

日のEUというかたちになるまでには、一〇〇〇年にもわたる内戦が必要であった。だが、われわれは、一〇〇〇年にもわたる世界戦争は、まだ経験していない……。

まずは、ささやかな世界統治システムを構築するところから、スタートしようではないか。そこで、比較的迅速に取り組むことが可能と思われる五つの事項を次に掲げたい。

1、「G8」を、「G20」（または「G24▼」）に拡大する。

2、「G20」（G24）と「国連安全保障理事会」を合併し、経済的権力と政治的正当性▼の機能をまとめ上げて「世界ガバナンス理事会」を設立する。

3、「国際通貨基金」（IMF）、「世界銀行」、その他の国際金融機関を、この「世界ガバナンス理事会」の権限のもとに置く。

4、「IMF」や「世界銀行」などの国際金融機関における理事会のメンバーや投票権の構造を改革する。この改革にあたっては、「国連安全保障理事会」の改革を参照する。

5、これらの機関に、適切な規模の財源を付与する。

▼G20 G20には、二〇カ国の首脳以外にも、ASEAN、アフリカ連合（AU）、アフリカ開発のための新パートナーシップ（NEPAD）など各地域の代表も参加しており、「G24」とすべきだという意見もある。

▼経済的権力と政治的正当性 G8もG20も、国際法上は何の根拠もない、あくまで非公式な私的会合である。つまり、〝経済的な権力〟を持ってはいるが、国連が有する〝政治的な正当性〟はない。したがって、合併すれば、それをともに有する国際機関ができることになる。

第７章

“21 世紀の歴史”と金融危機

1……新たな世界の構築に向けて

いずれにせよ、危機は、今後少なくとも、二年から三年は継続するが、第6章で紹介した抜本的な改革が実行されなければ、そして、長引く不況のなかで腰の引けた小手先の対策だけで満足するならば、ふたたびアメリカが世界中の資本を集めつづけて優位に立ち、しばらくの間は金融市場を意のままに操ることになるであろう。

技術進歩による経済成長により、金融危機の痛みがやわらいでくると、こうした問題の本質が忘却されていく。だが、これも新たな超過利潤が作り出されるまでの間の出来事である。新たなバブルが形成され、新たな金融・経済危機が勃発し、さらに世界に暴力がはびこってゆくのである。

では、われわれは、このように次の危機を座して待つのではなく、新たなテクノロジーが創り出す大きなチャンスを、新たな世界を築き上げるために生かすことはできないのであろうか。

2……次に世界を襲う新タイプの金融危機

　今後、残念ながら、現在の危機によってさらに社会的不平等が拡大し、新たな金融手法が開発されることによって資金がかき集められ、債務はふたたび増加することになるであろう。それによって、新たな世界金融危機が勃発する可能性がある。そして次に金融危機が世界を襲うときには、金融は、新たなコミュニケーション・テクノロジーを駆使することで、さらに統合され、さらに多様となっており、現在の金融とは根本的に異なった性質になっているであろう。

　個人やファミリーを対象として金融アドバイザー業務を行なう「プティ・ブティック▼」が企業の合併・買収（M&A）業務のために存続しつづけるとしても、また大手金融機関がインターネット取引などの未来テクノロジーに適応した新たな金融商品を開発しつづけたとしても、銀行の形態は、まもなく大きく様変わりするであろう。

　とくに、携帯電話によって銀行業務は激変する。すでに携帯電話によって、四〇億人がコミュニケーション可能な状態にあり、一〇〇〇万人以上が簡単な銀行決済業務を行なうことができる（とくに、マイクロ・ファイナンス機関▼の顧

▼プティ・ブティック　「ブティック型投資銀行」のこと。大手投資銀行を「百貨店」とすれば、「ブティック型投資銀行」は得意分野に特化した投資銀行サービスを提供する「専門店」といったもの。

▼マイクロ・ファイナンス機関　貧困からの脱却を目指し、低所得貧困層向けの融資を行なう小規模金融機関のこと。小口融資だけでなく、貯蓄手段など他の金融サービスを提供する場合もある。バングラデシュのグラミン銀行の事例が著名である。本書の著者アタリも、「プラネット・ファイナンス」という金融機関を設立し、アフリカなどの貧しい人々を対象に無担保での小口融資を実践している。

客)。

携帯電話による金融市場の潜在性は巨大である。現在では、人類の八八%は金融機関にマネーを預けることができず、人類の六三%は融資や保険といった金融サービスを受けることができない。

携帯電話による資金移動は、今後五年間で、少なくとも一四〇〇億ドルになるだろう。さらに近い将来には、携帯電話によって、六〇億人以上が、資金決済・定期預金などの銀行口座管理、株取引を行なうことが可能となる。また、携帯電話によって非常に洗練された金融商品も登場する。いずれは教育程度にかかわらず、すべての人が携帯電話から金利計算や金融市場での資産運用を行なうようになる。そうなれば、〈インサイダー〉の定義さえも変化することになるだろう。

携帯電話により、世界中の金融市場で大革命が起こる。まずは、通信会社、情報ファイルやテクノロジーを所有する企業が、銀行と協調路線を歩むことを選択しない場合には、銀行のライバルとなる可能性がある。次に、マイクロ・クレジットを皮切りに、携帯電話に対応した新たな金融商品がいたるところから登場する。こうして数十億人の人々が、直接的に、あるいは〈インサイダー〉を仲介して間接的に、金融市場に参加できるようになり、世界市場に大量の貧しい人々が一挙に参入する。

最後に、現在の監査機関または、第6章で前述した方針により設立された監査機関でも、こうした市場の推移を理解することはきわめて困難であろう。また、資金移動の合法性を管理することも困難であり、取引額さえ把握できず、携帯電話での金融取引からアンバランスを指摘することもできない。すでに規制当局によっては、こうした取引を銀行経由で行なうように指導している地域もある（インド、中国、メキシコ）。貨幣量の調整や銀行の監査は、携帯電話での操作内容を詳細に知ることが必要となるため、人々のプライバシーにまで踏み込むことが要求される。

ようするに、新たなタイプの〈インサイダー〉と、今日ではまだ思い描くことさえ難しい新たな形態の市場が生まれることになる。それによって、将来の金融危機が、いったいどういったかたちで発生するのかを予測することは、さらに困難になる。しかしながら二〇年以内には、金融とコミュニケーション・テクノロジーを統合した、さらに複雑化したグローバル・システムによって、新たなタイプの金融危機が世界を襲うことになるだろう。

3……複雑化したグローバル・システムの未来

経済危機を超える地球規模の危機

市場は地球の住民数十億人を束ねる複雑なシステムであるが、しかしながら、市場だけがグローバル化した複雑なシステムなのではない。このことを考えると、今回の金融危機は、少なくとも次のことを確認するよい機会になると思われる。

現在、地球上の数十億もの人々は、無数のコンピューターのネットワークが地球上に張りめぐらされ、複雑なシステムが世界中をおおう中で相互依存関係となっている。そしてこのことは、すでに事実上、後戻りできない状況となっている。したがって、金融以外の複雑なシステムが、現在の金融システムのように監視や予測がまったくできない状態になると、世界全体は金融危機と同じような悲惨な事態に陥ることになるということである。

例えば、感染症や伝染病が制御不能となり、世界的規模で蔓延しパンデミックに陥るケースも想定されるだろう。そして、想像しうる複雑なシステムのなかで最も重要なものは、気候システムである。地球の気候システムの大幅な変動によって、制御不能な状況が作り出され、われわれが今日、金融市場で経験しているのと同じタイプのパニックが発生する可能性がある。

もちろん、気候変動は、本書の主題である金融危機よりもさらに深刻であろう。金融システムの破綻は、最悪の場合には大恐慌を発生させ、数億人を失業者にし、大きな戦争を勃発させることになる。だが、気候が大きく変動した場合には、人類そのものが滅亡する可能性すらあるからである。

まずは、データをいくつか紹介したい。温室効果ガス（デリバティブ商品と同じ用語を用いると、これは「毒入り商品」であろう）が、環境におよぼす被害額は、今回の金融危機に関連した損失額と同規模の三兆ドルと見られている。欧州委員会の報告書によると、世界経済は、森林の破壊による被害だけで、毎年五兆ドルを浪費しているという。こうした問題について、誰も真剣に受け止めていない。世界の銀行システムを救済するために、一カ月で四兆ドルが投入された。ところが、これまでに、世界の飢餓撲滅、アマゾンの森林保護、貧困層へのマイクロ・クレジット（六億の貧困世帯に最も有効に資金を利用させることができる）の資金としては、毎年〇・〇二兆ドルの予算さえ確保されたことがないのである！

まだ現在であれば、こうした予算を確保することは可能であるため、問題を解決できる望みはある。しかしながら近い将来には、人々の無関心、そして権力者たちの楽観的にしか物事を考えない「ポジティブ・アティチュード▼」といった態度によって、気温の変化、海面の上昇、氷山の溶解、破壊力が増すハリケーンなど、気候システムの異常は、深刻化する一方となる可能性がある。

気候変動が、金融危機と同じペースで暴走していけば、地球環境は、現在の世界経済のように、パイロットがいない飛行機どころか、コックピットさえないといった状態となる。近い将来、気候変動の深刻さはますます明らかになっていくだろう。人類が何の対策も講じず、金融危機対策と同額の予算を拠出しなければ、南極や北極の氷は溶解し、砂漠は拡大し、海面は上昇し、ハリケーンなどは発生数も勢力も増大しつづけることになるだろう。

生物の種の多様性は失われ、海洋生物種のほとんどが死に絶え、未知の昆虫種が登場する。気候変動の影響から、数億人の人々は、内陸部や沿岸部から移動を強いられるが、彼らは行くあてもなく、さまよい歩くことになる。平均気温が上昇すると（最も悲観的な科学者の仮定では、四度、六度、あるいは八度も平均気温が上昇するという）、海底や永久凍土に閉じ込められていたメタンガス▼が溶解し大気中に大量に放出される可能性がある。そうなると、気温上昇のスパイラルが発生する。もはや、社会的エリートであれ、情報的に恵まれた者であれ、人類

▼ポジティブ・アティチュード 第2章10節を参照。

▼海底や永久凍土に閉じ込められていたメタンガス 「メタン・ハイドレート」のこと。海底やシベリアの永久凍土内に凍った状態で埋蔵しているが、気温上昇によって大気に放出されると、二酸化炭素の数倍の温室効果があるとされ、地球環境の脅威となると指摘されている。

のすべてが地球のどこにも避難場所さえ見つけることができず、生存できなくなる可能性すら指摘されている。

そうした危機に直面してから、過去に警鐘を鳴らした人々（一九七二年の「ローマクラブ」のメドウズ報告書▼など）に耳を傾けなかったことを嘆いても、まだ時間的余裕のあったときに対策を取らなかったことを悔いても、限定的な規模で社会的な許容範囲内で実施できる措置を講じなかったことを後悔しても、時すでに遅し、となるだけである。われわれがこうした措置をきちんと打ち出していれば、地球温暖化にともなう傾向を方向転換させ、シンプルなテクノロジーを基盤として力強い経済成長を促すと同時に、温室効果ガス排出を大幅に削減することができたのにと、われわれの子どもたちを嘆かせることになるだろう。

こうした推測は極端と言われるかもしれない。しかしながら、筆者も含めて何人かの専門家によるサブプライム危機の予測も極端であると顰蹙《ひんしゅく》をかったが、実際に、「毒入り証券化商品」であろうとなかろうとデリバティブ商品に対する制御は不能になり、銀行間取引はほぼ完全に麻痺し、銀行・企業・国家は破綻し、われわれは世界規模の長引く制御不能な不況に突入したではないか！

▼**「ローマクラブ」のメドウズ報告書**　「ローマクラブ」とは、人類の直面する危機を世界的規模で研究し、政策提言を行なう民間のシンクタンク。一九七二年、デニス・メドウズを主査とするチームが、報告書『成長の限界』を発表し、人口増加や工業投資が現在の傾向のままつづけば、地球環境の悪化が自然の許容しうる範囲を超えて進行するため、一〇〇年以内に地球上の成長は限界に達すると指摘した。

忘却されがちな、四つのシンプルな真理

世界は、グローバル化した複雑なシステムに覆われているわけだが、この「ゴーレム▼」とも言える意思も目的ももたないシステムは、人類に最大限に役立つと同時に、それが機能する過程ですべてを破壊することもある。というのは、こうしたシステムを動かす原動力には、道徳的配慮など、いっさいないからである。

今回の危機から、非常にシンプルだが、しばしば忘却されている四つの真理を、ここで確認したい。

・われわれ各自が、社会的制限なく身勝手に行動すると、自らの利益だけを追求しはじめ、その果てに自らの子孫の利益さえも奪い取ってしまう。
・他者の幸せは自らの利益でもあることに、われわれ各自が気づいてこそ、人類は生き延びることができる。
・いかなる種類の仕事であれ、労働（とくに利他主義▼に根ざした労働）だけが、富を得ることを正当化できる。
・唯一、本当に希少なものとは〝時間〟である。人々の自由時間を増やし、人々

▼**ゴーレム** ユダヤの伝説に登場する、生命を与えられた泥人形。作った主人だけの命令を忠実に実行するが、あやつるには厳格な決まりが数多くあり、それを守らないと狂暴化し、人間に被害を与える。

▼**利他主義** 他人の幸福・利益を目的として行動すること。「愛他主義」とも言う。仏語では「altruisme」。

に充実感をもたらす活動に対しては、とくに大きな報酬がもたらされるべきである。

今回の危機をきっかけにして、こうしたシンプルだが明白な真理が、金融界はもちろん社会全体で再確認されるのであれば、今回の危機においても、悪は善の源泉となり、破綻は新たな秩序の源泉となるであろう。そうなれば、市場が社会の絶対的支配者ではなく、社会の効率的な構成要素の一つにすぎないという、豊かな社会を期待することさえ可能となる。

そうした社会においては、危機とは、悲しみ、喜び、日々の安心感、ささやかな栄光のなかで暮すわれわれ個人の生活の中からのみ発生し、個人の努力で解決できるものとなるだろう。

〝金融危機後の世界〟を考えるための基本用語

五〇音順

・本文中の★印のついた金融機関の用語について、まとめて解説した。
・太字の用語は、独立した項目が別にあるので、そちらもご参照いただきたい。

アセット・バックト・セキュリティ
（ABS : asset backed security）
資産担保証券

企業が保有する債権や不動産などの資産を企業から分離し、その資産から生じるキャッシュフローを原資として発行される証券。基本的には、キャッシュフローを生み出すものならばＡＢＳの担保にすることが可能であり、実際に、売掛債権、リース債権、自動車ローンなどのＡＢＳなどが発行されている。米国において、「モーゲージ証券（ＭＢＳ）」（不動産担保証券）に関するノウハウの蓄積を背景に発展してきた

具体的には、企業が保有する資産を自ら設立した「特別目的会社」（ＳＰＣ）に譲渡し、ＳＰＣは譲渡された資産を裏付けに証券を発行し、投資家に販売する。資産が当該の企業から切り離されているため、投資家は、投資対象資産の信用力のみを判断根拠として投資することが可能となる。

ＡＢＳには、対象となる資産の種類によって個別の名前がある。貸付資産（ローン担保）を証券化したものを「ローン担保証券」（ＣＬＯ）、債券（公社債）を集めて証券化したものを「債券担保証券」（ＣＢＯ）、この両方を対象としたものを**「債務担保証券」（ＣＤＯ）**と呼んでいる。

欧州中央銀行（ECB：European Central Bank）

ユーロ圏（一六カ国）の通貨・金融政策を担う中央銀行。本店は、ドイツのフランクフルトに置かれている。一九九九年のヨーロッパ通貨統合の開始にともない、前身の「欧州通貨基金」（ＥＭＩ）を引き継ぐかたちで、一九九八年に発足。理事会は、総裁・副総裁・理事・各国中央銀行総裁等の一七人で構成される。物価安定のためのマネーサプライ管理を主要な任務とする。

格付け機関（credit rating agencies）

企業や政府が発行する債券などの元本および利息が、予定通りに支払われるかという信用リスクを評価することを「格付け」というが、これを行なう企業のことを「格付け機関」という。公的機関ではなく民間企業であり、「格付け会社」とも呼ばれる。世界的な企業としては「Ｓ＆Ｐ」「ムーディーズ」「フィッチ」の三社が著名。格付けは、「ＡＡＡ」（最高位）から「Ｂ」（信用力に問題あり）までの六段階に分けられることが多い。この格付けは公表され、投資家が債券などへの投資を行なう際の参考データとなるほか、株価にも影響を与える。

サブプライム・ローン問題が表面化した二〇〇七年、ムーディーズはＣＤＯ（債務担保証券）一八四件（発行額五〇〇〇億円相当）について「格下げ要注意」と発表。さらに一二月、ＣＤＯを組み込んだ発行額一二兆円相当の投資信託（ＳＩＶ）も、「格下げ」ないし「格下げ要注意」銘柄に変更した。他社も同様の大量格下げに踏み切り、ＣＤＯやＳＩＶの価値は大幅に下落し、金融機関は大混乱に陥った。メリルリンチ、シティグループ、モルガン・スタンレーといった米大手金融機関は数兆円単位の損失計上を余儀なくされ、その影響は日本や欧州の金融機関にも飛び火した。米国の国内問題であるはずのサブプライム・ショックが全世界の株式市場へと波及し、今日の世界金融危機を招くことになった。

この格付け機関三社の得ていた報酬総額は、二〇〇二年の三〇億ドルから、二〇〇七年には六〇億ドルへと倍増しており、ムーディーズの利益は、二〇〇〇年から二〇〇七年の間に四倍に急増している。ムーディーズの利ザヤは、『フォーチュン』誌の発表によると、大手企業五〇〇社の中で、五年連続でトップだった。

クレジット・デフォルト・スワップ
(CDS : credit default swap)

投資家が、企業の債務不履行（デフォルト）をリスク・ヘッジ（回避）するためのクレジット・デリバティブの一種。投資家は、金融機関と保証契約を結び、定期的に損失リスクに応じた保険料（リスク・プレミアム）を支払う代わりに、企業が債務不履行に陥った場合、金融機関が投資家に対して損失額を保証するというもの。CDSは、**債務担保証券（CDO）**などのかたちで証券化されている。

サブプライム・ローン問題の表面化以降、CDSは「核のボタン」にも喩えられるようになり、投資家ウォーレン・バフェットは、「時限爆弾」「金融大量破壊兵器（financial weapons of mass destruction）」と呼んでいる。

二〇〇八年九月、全米四位の証券会社リーマン・ブラザーズと保険最大手AIGが立て続けに破綻し、アメリカ政府はAIGのみを救済したが、その主な理由の一つは、AIGはCDS市場で大きな取引をしており、破綻すれば保証を失った債券の価格が下落し、債券を保有する世界中の金融機関が損失をこうむる危険があったためと言われる。

なお、ジョージ・ソロスは、北京での「国際金融協会（IIF）」（二〇〇九年六月一二日）の会合で、CDSは「破滅の道具」であり取引を禁止すべきだと述べ、「投資家は、将来の債務不履行への保険として買っているのではない。経済環境が悪化すれば儲かるという理由で買っている」と発言した。

債務担保証券（CDO : Collateralized Debt Obligation）

貸付債権（ローン担保）や債券（公社債）などから構成される金銭債権を担保として発行される証券化商品で、**資産担保証券（ABS）**の一種。

住宅ローン債権担保証券（RMBS）を、さらに再証券化したもので、RMBSと同様に、担保となる資産の信用力に応じて優先劣後構造が設定され、低リスク低リターンから高リスク高リターンまで自由に商品を組成することができる。一般に、**格付け機関**の格付けによって、以下の三つのクラスに区分される。格付けがAAA（トリプルエー）の「シニア」、中程度の「メザニン」、債務不履行による損失をまっ先にこうむる「エクイティ」である。

CDOは、RMBSにおけるシニアとメザニンを集め、再度、同様の優先劣後構造に組み替えたものだが、これによって、ＲＭＢＳではＡＡＡではなかった証券から、ＣＤＯでは一定割合のＡＡＡの証券が生み出されるという錬金術が可能となった。格付けが高くなる理由として、価格変動の相関性の低い商品を組み合わせた場合は、分散効果により同時にデフォルト（債務不履行）する確率が低下するという理論に基づいている。

一九八〇年代にアメリカで初めて発行され、その後、欧州や日本などでも発行されて市場が拡大。二〇〇〇年代には金融機関や機関投資家などの運用対象として人気を呼んだ。ところが、二〇〇七年に発生した**サブプライム・ローン**危機により、担保となっていた住宅ローンが数多く破綻したことから、高格付けとして運用されていたＣＤＯの価値も毀損し、世界中の多くの投資家が巨額の損失を計上する結果となり、今回の金融危機を招いた。

サブプライム・ローン (subprime lending)

アメリカでは、個人の信用力を評価する客観的基準として、クレジットカードの返済履歴などから個人の信用力を数値化する「スコアリング・モデル」が発達しており、金融機関の与信判断において活用されている。なかでも、フェア・アイザック社（Fair Issac）が開発した「ＦＩＣＯ」（フィコ）が広く用いられている。「サブプライム」とは、「プライム」（優良）の条件で貸し出さないローンであり、一般的には、ＦＩＣＯスコアが六二〇点以下（金融機関によっては六六〇点以下）の債務者向けのローンである。その他にも、過去の返済延滞・債務免除・破産などによってもサブプライムに分類される（**連邦準備制度理事会**通達におけるガイドラインより）。

サブプライム・ローンの多くは、モーゲージ・バンクが融資し、投資銀行によって**住宅ローン債権担保証券**（**ＲＭＢＳ**）、もしくは、モーゲージ証券（不動産担保証券：ＭＢＳ）のかたちで証券化され、さらにそれらが**債務担保証券**（**ＣＤＯ**）として再証券化されて、金融商品として世界中の投資家に向けて販売された。

サブプライム・ローン関連の証券化商品は、アメリカの**格付け機関**が中古住宅価格の上昇を前提に高格付けをしていたため、市場に安心感を与えていたが、二〇〇七年夏頃から返済の延滞率が上昇しはじめ、ついに住宅バブルがはじけた。これにより、二〇〇八年にはこの証券を組み入れて世界中に販売されていた金融商品の価格が低下しはじめ、世界中で信用収縮の連鎖が発生し、世界金融危機を招いた。

住宅ローン債権担保証券
（RMBS：residential mortgage-backed securities）

住宅や土地などの不動産ローンを証券化した「モーゲージ証券（MBS）」（不動産担保証券）の一種で、住宅ローンを担保として発行される証券のこと。

多数の住宅ローン（数百〜数千件）をプールして、これらの資産（金融機関にとっては資産である）をもとに発行されるが、資産の信用力に応じて元本償還の優先劣後構造を設定され、償還確率の高低に従って異なる格付けの証券として投資家に売却される。最も償還確率が高いのが「シニア」（格付けは「AAA」：トリプルエー）、中程度が「メザニン」、債務不履行による損失をまっ先にこうむるのが「エクイティ」である。「**債務担保証券（CDO）**」の項目も参照のこと。

（米）証券取引委員会
（SEC：Securities and Exchange Commission）

アメリカでの株式・公社債などの証券取引を監督・監視する連邦政府の機関。捜査権・民事制裁金の請求権など強い権限を持ち、「ウォール街の警察」とも呼ばれる。これまでに、エンロン社やワールドコム社などの粉飾決算を暴いてきた。

一九二〇年代の世界恐慌の際に証券業界で多数の不正が発覚したため、一九三四年、フランクリン・ルーズベルト大統領によって設立された、初代委員長には、ジョン・F・ケネディの父親ジョセフ・P・ケネディが任命されたが、彼こそはインサイダー取引など汚い手口を駆使して大富豪に成り上がった人物であった。ルーズベルトは、「オオカミを捕らえるためにオオカミを使う。彼なら不正取引のからくりを何でも知っている」と述べたと言われている。

デリバティブ（derivatives）
金融派生商品

預金・為替・債券・株式などの金融商品の、価格変動リスクを回避するために開発された金融商品。元となる金融商品から「派生」したものであることから、「金融派生商品」（derivative）とも呼ばれる。

低コストでの資金調達、高利回りでの資金運用が可能であるが、ハイリスク・ハイリターンの典型的商品である。先物取引、先渡取引、オプション取引、スワップ取引の四種があり、特に後者の二つを組み合わせて証券化した、金融工学のハイテク技術を駆使した金融商品が盛んに開発された。驚くべき収益が期待されたことから、投資銀行や**ヘッジファンド**によって世界中の金融機関に転売され、他の金融商品のなかに混ざり込み、現在、こうした金融商品から原資産へとさかのぼることは困難になってしまっている。

銀行やヘッジファンドにはリスクを認識していた者もいたが、儲けたいという誘惑に負け、他方で、個人投資家は、そのリスクを知る手段を持たなかった。情報の偏りが不平等な形で拡大し、これこそが、今回の金融危機の根源的原因となった。

プライベート・エクイティ (private equity)
プライベート・エクイティ投資会社 (private equity fund)

「プライベート・エクイティ」とは、株式を公開・上場していないため私的（プライベート）に売買される企業の株式（エクイティ）、つまり「未公開株」のこと。

未公開株を購入し、未公開企業の成長または再生の支援を行なうことによって株式価値を高め、新規株式公開（ＩＰＯ）させるか、他の投資家に売却することで利益を得る投資ファンドを「プライベート・エクイティ投資会社（ファンド）」という。大きく分けると、ベンチャー企業に投資する「ベンチャー・キャピタル」、そして、経営不振に陥っている企業を買収するファンドの二種がある。後者には、企業を食い物にして利益を得る、いわいる「ハゲタカ・ファンド」と呼ばれるものも存在する。

ヘッジファンド (hedge fund)

アメリカで生まれた私的な投資組合の一種で、公募によって広く小口の資金を集めて大規模なファンドを形成する通常の投資信託と異なり、私募によって機関投資家や富裕層などから大規模な資金を集めるファンドのこと。投資の最低額は、日本円で一億円以上と高額である場合が多く、その参加者はごく少人数に限定されている。

資金の運用は、**デリバティブ**や空売りをはじめ、あらゆる金融商品、あらゆる手法を使って行なわれている公募型の投資信託の運用には法的規制がかけられているため、ヘッジファンドは規制のかからない私募形式を採用している。また、秘密の保持のためにタックス・ヘイブン（租税回避地）に本籍を置くファンドが多い。

その活動は一九七〇年代から活発になりはじめ、一九九〇年代に世界の金融市場の主役に躍り出ると、ジョージ・ソロス氏が率いるクォンタム・ファンドのように、政府の為替介入を打ち負かすという事態まで発生するようになった。

二一世紀に入ってからはそれほど派手な活躍は見られないが、比較的小規模なヘッジファンドが多く活動する状況となっている。

モノライン保険会社 (Monoline Insurance Company)
金融保証保険会社
モノライン危機

地方債（州や市などの地方自治体が発行する債券）や**資産担保証券（ＡＢＳ）**などの金融債務の保証業務のみを専門で行なう、アメリカの保険会社。発行者が債務不履行に陥った場合、発行者に代わって元金と利子を支払う。単一（モノ）種類の保険を扱っているため、このように呼ばれる。

一九七一年、最初の地方債を専門とする保険会社（現在のAmbacの前身）が設立され、一九九四年のカリフォルニア州オレンジ郡の破綻により地方債への危機意識が高まったことなどを背景に、市場が拡大していった。

その後、モノライン保険会社は、地方債市場での競争が激化してきたこともあり、保証業務の対象を資産担保証券（ＡＢＳ）へと拡大。二〇〇五年には、ＡＢＳの新規保証額（米国）が、地方債などの保証額（米国）を上回るところまで成長した。MBIA, Ambac, FGIC, FSAの大手四社で九〇％以上のシェアを占めている。

モノラインの大手各社は、保証を引き受ける際の審査で「ゼロ・ロス・スタンダード」と呼ばれる債務不履行リスクがないと思われるもののみを選んで保証（ＡＢＳでは最も高い格付け「シニア債」のみ）してきたため、モノライン各社は「ＡＡＡ」の格付けを受けてきた。そして、「ＡＡＡ」の格付けを持った保険会社が保証するから、保証した証券も「ＡＡＡ」の高格付けを獲得するというかたちで事業が成り立ってきた。

ところが、モノライン各社は、**サブプライム・ローン**を組み込んだ証券の保証によって業務を拡大させており、サブプライム危機の表面化により大きな損失を出す可能性が出てきた。それによって、二〇〇八年一月以降、モノライン各社の信用力が低下し格下げへの懸念が広がっている。

モノライン各社の格下げは、保証している証券のさらなる格下げにつながり、「格下げドミノ現象」を起こす可能性がある。地方債の約七〇％は個人や投資信託が保有しており、これが減価すると、サブプライム危機とは無関係であった個人投資家にまで影響が及ぶことになる。さらに、金融機関も「格下げドミノ現象」によって多くの債券が格下げになり債券の価格が下落すると、これらを保有している金融機関はさらに巨額の評価損を抱え込むことになる。こうした「モノライン危機」が発生した場合、サブプライム危機とのダブルパンチで、金融界が一大パニックに陥ることが予想される。

レバレッジド・バイアウト（LBO：leveraged buy-out）

企業の買収・合併（M&A）の手法の一つで、買収する側が、買収の対象とする企業の資産や将来の収益を担保として外部から資金調達し、買収（バイアウト）すること。つまり、少ない自己資金で、負債を大きくすることによって大きな資本の企業を買収することができる。いわいる「ハゲタカ・ファンド」が使う手法である。

かつて、ライブドアがニッポン放送を取得後、フジテレビをLBOによって買収する計画を立てた。ソフトバンクは、LBOで一・七五兆円を調達し、ボーダフォンを買収している。LBOを使った外資ファンドによる日本企業の買収では、リップルウッドによる日本テレコムの買収、カーライルによるDDIポケットの買収などがある。

連邦準備制度

（FRS：Board of Governors of the Federal Reserve System）

連邦準備制度理事会

（FRB：Board of Governors of the Federal Reserve Board）

連邦準備制度（FRS）は、ワシントンDCにある「連邦準備制度理事会」（FRB）と、全米一二の主要都市に散在する「連邦準備銀行」からなる、米国の中央銀行制度。FRSの最高決定機関が「連邦準備制度理事会」（FRB）である。

中央銀行総裁に相当する議長（任期四年）および理

事（任期一四年）などは米大統領が任命するが、米政府は株式を所有しておらず、ロスチャイルド系・ロックフェラー系財閥などの国際金融資本が、現在に至るまで最大の株主となっている。したがって、正式には公的機関ではなく民間銀行であり、アメリカの電話帳では民間企業に分類されている。

議長は、アラン・グリーンスパン（任期一九八七〜二〇〇六年）の後、ベン・S・バーナンキが務めている。

訳者あとがき

林　昌宏

1……本書の反響について

本書は、フランスで出版されたJacques ATTALI, *La crise, et après?* の全訳である。本書は、初版が二〇〇八年一一月にFayardから出版されたが、発売と同時にフランスをはじめヨーロッパでたいへんな反響を呼び、著者のジャック・アタリ氏は、新聞・雑誌だけでなく、テレビなどでも引っ張りだことなった（その模様の一部は、YouTubeをはじめ、いくつもの動画サイトにアップされている）。

ヘンリー・キッシンジャーは、「アタリは、ブリリアントかつ挑発的に、金融危機後の世界、21世紀の歴史を見通す。世界のすべての指導者が読むべきである」と述べ、未来学者として世界的に著名なアルビン・トフラーは、「緻密な現実分析と歴史を見通す壮大なスケール。ヨーロッパ最高の知的成果の一つである」と絶賛している。

そしてベストセラーとなった本書は、第二版が、二〇〇九年三月一六日にSuccès du livre éditionsから、さらに、第三版が、同年六月二四日にLivre de Pocheからと出版社を変えて刊行され、わずか半年の間に三つの出版社から刊行されるという、きわめて異例な経緯をたどっている。それぞれの版は、時間の経過ともに新たな情報が盛り込まれているが（とくに第3章の日録のところである）、日本語版の翻訳は初版から翻訳をはじめ、アタリ氏よりメールで直接送られてくる最新情報を追加していくという手順となった。アタリ氏は、フランス政財界の大物といった存在感から思い描かれる印象とは異なり、訳者にもジョークを交えた気さくなメールをくれる。本書の翻訳は、アタリ氏からのメールを読みながら、金融危機で激変する世界のドラマチックな動きと並行して翻訳をすすめるという、きわめて印象深い作業となった。

なお、本書は、けっして金融やビジネスの専門家に向けてのみ書かれたものではなく、まさにアタリ氏が述べているように、この時代を生きるすべての人々とともに、この金融危機を無秩序な金融資本主義への最終警告として受けとめ、利他主義を根底にした新たな世界の秩序を構築することを目標として書かれている。しかし、金融システムや用語については一般にはなかなか理解しづらいと思われたため、本文ページの下段や巻末に多数の訳注を付して、理解の便宜をはかった。金融市場の情報を〈インサイダー〉にだけ独占させるのではなく、より多くの人々が共有化することによって、金融市場の民主化を図るというアタリ氏の主張にそったつもりである。

2……前著『21世紀の歴史』について

"サブプライム破綻""世界金融危機"を予見した書

ジャック・アタリ氏は、二〇〇六年一〇月に、『21世紀の歴史』(原題：*Une brève histoire de l'avenir*)を出版している。この本は、本書『金融危機後の世界』の前提となっているものであり、一二世紀以来の資本主義の歴史、本書でも鍵となる概念である〈中心都市〉などについて詳細に論じている。また、金融危機後の世界についても、『21世紀の歴史』で描かれた見通しが前提となっている。ついては、本書『金融危機後の世界』を理解するための前提として、『21世紀の歴史』について簡単に紹介をしておきたい。

これまでもアタリ氏は、ソ連崩壊、携帯電話やノートパソコンといった〈オブジェ・ノマド〉の登場、新たなテロの脅威、インターネットによる世界変化などを予測し、見事に的中させてきたことで有名だが、『21世紀の歴史』では、アタリ氏の長年の政界・経済界での実績、研究と思索の集大成として、二一世紀の政治・経済・社会の見通しを、まさに「21世紀の歴史」として大胆に予測したものである。

この本ではまず、世界初の資本主義が一二世紀のブルージュ(現ベルギーの都市)で誕生し、以降、〈中心都市〉が、ヴェネチア、アントワープ、ジェノヴァ……と変遷しながら、現在のロスアンジェルスに至った歴史が振り返られ、そこから歴史の法則が導き出されていく。そして未来の歴史の予測として、遅くとも二〇三五年までに、アメリカ帝国が市場のグローバル化によって打ち負かされ終焉し、その後、〈超帝国〉〈超紛争〉〈超民主主義〉という三つの波が次々と押し寄せ、最初の二つは世界に壊滅的な被害を与えるが、二〇六〇年頃には〈超民主主義〉が登場し、調和を重視した新たな経済が世界に秩序を与えることになる、という見通しがなされている。

この本には、刊行から八カ月後の二〇〇七年夏頃になって表面化したサブプライム・ローン破綻や、それによって一九二九年以来の世界恐慌が勃発することも予測されており、そのことによって、さらに注目されることになった。そして、フランスやヨーロッパのみならず世界的なベストセラーとなったのである。

仏大統領諮問委員会「アタリ政策委員会」の設置

『21世紀の歴史』は、フランスの国家政策にも大きな影響を与えることになった。この本に感銘を受けたサルコジ大統領が、二〇〇七年七月、アタリ氏を委員長として招き、「フランス経済成長解放委員会」（フランスでは「アタリ政策委員会」と通称されている）を設置したのだ。

アタリ政策委員会は、『21世紀の歴史』の思想を実践に移す試みとして、フランスでは非常に大きな注目が集まった。委員会は、社会的公正と経済的自由を同時に達成し、フランスにダイナミズムをもたらすための提案を打ち出すことを目的とし、具体的な数値目標として、五年計画でＧＤＰ成長を一％押し上げ、若年層の失業率を六割減少させ、全体の失業率を五％未満にすることが掲げられた。

委員会のメンバーは、アタリ氏自身が党派や国籍を超えて選んだ、仏経済界の大物、スタートアップ企業の風雲児、学者、そして外国人七名を含む四二名で、毎週二～三回、午後六時から夜一一時まで、六カ月間にわたって激論を戦わせたという。

そしてまとめられた提案内容は、未来テクノロジーの産学による研究開発の推進のための措置、経済活動以外の理由で超過利得を得ている組織や個人を経済システムから取り除き、市場機能の効率化を図るための措置、経済発展には不可欠な〈クリエーター階級〉の育成のために才能ある外国人を労働市場に招き入れる移民受け入れ政策など多岐にわたっている。相続税は強化するが財産保有税は減税し、社会階層の固定化を防ぐとともに、個人の向上心は尊重するといった措置も含まれている。その提案内容は、ジャック・アタリ編『*300 decisions pour changer la France*（フランスを変革するための３００の提案）』（二〇〇八年二月刊、未邦訳）として公刊されている。

この委員会の大胆な提案に対しては、フランスの政財界・メディアでは議論が沸騰し、実現が不可能といった醒《さ》めた意見から、フランスが二一世紀を生き残るために、サルコジは政治生命を賭けてアタリの処方箋を実行するべきだといった意見までが、新聞・週刊誌やテレビを賑わせた。

日本での反響

この『21世紀の歴史』の日本語版は、二〇〇八年八月三〇日に刊行されたが（拙訳、作品社刊）、日本でも大きな反響を呼ぶことになった。サブプライム危機、そしてリーマンショックによる激震によって、とくに政治・経済関係者が日本や世界の今後を憂慮するうえで、この本を真剣に参考としようとしているケースが多かった。そのごく一部を紹介してみたい。

新党日本の田中康夫氏は、日本語版の発売直後の九月六日の日記（『週刊ＳＰＡ』連載、九月一三日号）で、以下のように述べている。

アタリの新著『21世紀の歴史』は、〝なあんちゃって小泉・竹中、へなちょこ無責任改革〟とは、およそ異なる矜持と諦観。

「21世紀、はたして日本は生き残れるのか？」と題する日本語版序文で、「並外れた技術的ダイナミズムをもつにもかかわらず、日本は、既存の産業・不動産から生じる超過利得、そして官僚周辺の利益を過剰に保護してきた」と看破。〔……〕

四〇年後の二〇五〇年には人口八千万人に急減する超少子・超高齢社会ニッポンは、「アジアとの交差点、アメリカとの交差点、オセアニア地域との交差点といったように、地理的に重要な拠点に位置しており、この三つの円が交わった部分をうまく組織できれば、つまり、この三つの円を解体するのではなく、三つの円をすべて融合させることができれば、日本は多大な潜在的成長力をもちうるだろう」との慧眼は素直に認めるべき。

そして田中氏は、最後に、この「日本語版序文」で提案されている二一世紀日本への一〇項目のアドバイスを引用して、「よそ者には言われたくない、と島国根性で排除する前に、かくなる心智を有する政治家も表現者も見当たらぬニッポンの惨状を、まずは憂うべきだよね」と締めくくっている。

朝日新聞編集委員の星浩氏は、『朝日新聞』（二〇〇八年一〇月二八日付）政治面に掲載された「金融と解散　歴史の節目」と題された解説記事で、この本を取り上げ、「歴史の節目」である現在、日本はどうすべきかを問うている。

〔『21世紀の歴史』の〕原著は、〇六年秋の出版だが、翌年に表面化するサブプライムローン問題を予言している。米国の住宅関連公社の債務が、一〇年間で四倍も膨れ上がった点なども指摘、「アメリカの金融システムは増殖し、過剰となり、無制限に活動し始め、制御不能に陥った」と、まさに今日の事態を言い当てている。〔……〕

アタリ氏のような知恵者を抱える欧州や金融危機を乗り切った日本などが力をつけて、世界が多極化に向かうのか、それとも米国が復活するのか。その分岐点である。〔……〕

アタリ氏の本は、日本の先行きを悲観している。「人口の高齢化に歯止めがかからず、国の相対的価値は低下し続ける」「二〇二五年、日本の経済力は世界第五位ですらないかもしれない」

そんな日本の将来像をどう描くのか。米国の一極支配から多極化に向かう世界で、日本はどんな役割を果たすべきか。国内では市場と政府の折り合いはどうつけるのか――。論点は山ほどある。

さらに、三菱UFJリサーチ&コンサルティング理事長の中谷巌氏は、「欲望の制御は可能か」と題するコラムで（『東京新聞』二〇〇九年七月一八日付）、アタリ氏による警告を重く受け止めている。

ジャック・アタリは近著『21世紀の歴史』の中で、グローバル資本主義がこれから数十年にわたって暴走を続ける結果、水やエネルギーの不足、食糧価格の高騰、地球環境破壊などを招き、それが人口の大移動や国際間の紛争を頻発させるだろうと予測している。〔……〕

アタリの主張するように、グローバル資本主義が適切に制御されないまま放置すれば、人類は壊滅的なダメージを受けるだろう。〔……〕

そんな事態は何としても阻止しなければならないが、問題の糸口はどこにあるのか。それは「人間の際限ない欲望をどうすれば抑制できるか」という根本問題に世界が真剣に向き合うことであろう。

鳩山由紀夫・民主党代表も、この後で紹介する、『21世紀の歴史』を基にしたNHK放映のアタリ氏へのインタヴュー番組を見たそうで、アタリ氏の「利他主義」への共感を表明している（「鳩山由紀夫メールマガジン」二〇〇九・六・五、第402号）。

まさにこれらは、アタリ氏が『21世紀の歴史』で発している警告や提案に対する真摯な反応と言うべきだろう。

なお、麻生首相も、この本を購入されたようだ。ところが、やや余談になるが、新聞報道によると、麻生氏は二回もこの本を購入してくれたらしい（二〇〇八年一二月二八日付『読売新聞』、さらに二〇〇九年六月二二日付『朝日新聞』に公表された書籍購入リストに、それぞれ入っている）。さっそく『週刊新潮』（二〇〇九年七月九日号）には、二回も買ったのは読んでいない証拠ではないか、と揶揄する記事が掲載された（訳者としては、二回も読まれたのだと信じたいが）。

NHKでインタヴュー特別番組の放映

ゴールデンウィーク真っ只中の二〇〇九年五月四日と五日、二日連続で午前一一時より、NHK総合で「ジャック・アタリ緊急インタヴュー」が放映された。

これは、『21世紀の歴史』に注目されたNHKエンタープライズの川良浩和氏と福原哲哉氏によって企画されたもので、「シリーズ 危機の中で未来を考える」と題した特別番組として、第一回「危機の核心とは何か?」、第二回「世界を襲う五つの波」の二回に分け放映された。インターネットで検索してみるとかなり広範に話題となっており、アタリ氏による金融資本主義の暴走への批判、利他主義の提唱への共感などが、驚くほど熱を込めて語られている（番組は動画サイトにもアップされているようだ。違法だと思うが、それだけ共感を呼んでいる証拠だろう）。

訳者は、川良さん・福原さんの好意でインタヴューに同席する機会を得たので、若干、その印象の報告しておきたい。

インタヴューは、パリの大統領官邸近くの高級ホテルのスイート・ルームで行なわれ、聞き手はNHKヨーロッパ総局長の長崎泰裕氏であった。内容は、『21世紀の歴史』ならびに『金融危機後の世界』にそって進行した。この二冊の評判によって、フランスのみならず世界のメディアから取材が殺到しているアタリ氏は、多忙をきわめているため、取材中も愛用のブラックベリー（ヨーロッパでよく使われているスマートフォン）を操作しながら、心ここにあらずといった感じで受け答えをすることもあるという噂を聞いていたので、内心、心配していた。ところが、この番組へのNHKスタッフの方々の気迫や、インタヴュアーの長崎さんの深い見識が伝わったようで、アタリ氏はブラックベリーのスイッチを切ると、持論である民主主義と市場のバランスの取れた発展、社会のクオリティーを高める利他主義について熱く語りはじめた。東欧情勢に詳しい長崎さんが、ベルリンの壁崩壊が象徴するソヴィエト圏の消滅が意味するところを問うと、「ダム決壊」といったメタファーを使いながら、歴史の不可逆性について力説した。

番組は、アタリ氏が途上国の人々への支援活動として行なっている「プラネット・ファイナンス」のアフリカでの活動を現地取材した映像なども流され、アタリ氏の思想と実践を立体的に紹介する素晴らしいものになった。

アタリ氏は、インタビューが終わると、すぐにブラックベリーのスイッチを入れ〝オンライン状態〟に戻り、アフリカの人道支援団体に指示を出しはじめたのが印象的であった。

3……ジャック・アタリ氏について

ジャック・アタリ氏は、一九四三年、アルジェリアに生まれた。一四歳の時、家族と一緒にパリに移住。パリ政治学院を経て、国立行政学院（ＥＮＡ）を卒業した。二七歳の時に、フランス行政裁判所の書記官になると同時に、文筆活動を開始した。

一九八一年、フランソワ・ミッテランが仏大統領に当選すると、アタリ氏は大統領特別補佐官に任命され、側近中の側近として活躍した。アタリ氏はこの時、若干三八歳であった。このイメージが鮮烈であるため、ミッテランと同世代と勘違いをしている人も多いようだが、二七歳もの年齢差があった。ミッテランは、アタリ氏のコンセプト・メーカーとしての偉才を評して、次にように語っている。「ジャックは、毎週一〇〇個くらいの新しいアイデアを持ってくる。私のやっていることは、その中から慎重に使えるものを選んでいるだけだ」。

一九八〇年には、飢餓救済活動を組織し、一九八四年には、新テクノロジーを推進するヨーロッパ規模の技術開発計画をスタートさせている。この計画により、数多くの革新的技術が誕生したが、「ＭＰ３」（最も広く普及している音声圧縮方式）は、その代表例である。一九八九年には、バングラディシュを襲った洪水の被害に対して、国際的な救助活動を呼びかけている。

一九九〇年、アタリ氏は活動の舞台を仏政界から国際金融へと移し、ロンドンに拠点を置く「ヨーロッパ復興開発銀行」を創設し、その初代総裁に就任した。ヨーロッパ復興開発銀行とは、経済発展の遅れた東欧地域を支援するために設立された国際金融機関であり、東欧から中央アジアにかけて市場経済と民主主義の構築を、投資活動を通じて支援することを目的している。ここにも市場経済と民主主義というアタリの哲学を読みとることができよう。アタリ氏は、一九八九年のベルリンの壁崩壊以前から、この銀行設立のアイデアを温めていたという。しかしながら、銀行家としては金融・政治スキャンダルに巻き込まれ、一九九三年には総裁を辞任。最近のインタヴューでも、総裁時代に築き上げた人脈は今でも財産だが、この時代については語りたくないと述べている。その後、新テクノロジーに特化した国際金融コンサルティング企業を立ち上げ、世界的なアタリ情報ネットワークを築き上げている。

一九九八年には、NGO「プラネット・ファイナンス」を創設。これはマイクロファイナンス（小口無担保融資）の手法を活かした途上国支援活動であり、現在六〇カ国以上の途上国で活動している。マイクロファイナンスをバングラディシュで実践してきたグラミン銀行の創始者で、ノーベル平和賞を受賞したムハマド・ユヌスとは以前から親交があり、グラミン銀行とは協働関係にある。ヨーロッパ・アメリカ・日本からこのプロジェクトに対する投資資金を募っており、すでにゴールドマンサックス、モルガンスタンレー、マイクロソフト、オラクル、新生銀行などがスポンサーとなり、ビジネスとしてのウィン・ウィン・プロセスを目指している。この活動は、途上国の貧困問題のみならず、女性の経済的自立、農村部の産業振興により都市部への人口移動を抑制する効果などを狙っているという。プラネット・ファイナンスは、『21世紀の歴史』で述べられている人類の希望としての「超民主主義」の実践の一環である。

また、アタリ氏は、こうした政治・経済界での重責を担う一方で、経済学者・思想家・歴史家・作家としても幅広く活躍しており、なんと著書は、本書を含めて四五冊を数える。その中には、カール・マルクス、ガンジーの伝記から、戯曲や児童書まである。これまでに二〇カ国以上で翻訳出版され、六〇〇万部以上が売れたという。なお、四六作目となる最新作は、ユダヤ教に関する事典である。なお邦訳されたものは、本書で一一冊目である。

4……現在のアタリ氏の活動

アタリ氏は、大学卒業から今日まで、毎朝四時に起床、午前七時まで執筆活動を行い、一日一二時間は働き、睡眠時間は三時間程度という生活をつづけているという。現在、国際金融アドバイザー、プラネット・ファイナンス代表、新テクノロジーのアドバイザーとして世界各地を訪問し、本拠地パリでは、政財界の大物の指南役、メディアのご意見番として幅広く活動している。ちなみに、フランス人ジャーナリストからは、「恐ろしく行動的で、非常に気が短い。飲み込みの悪い奴には容赦がない」といった陰口も聞かれるようだ。

政治面では、サルコジ大統領のアドバイザーである。しかしながら、食料・住宅・知識・医療の市場化に異議を唱えるアタリ氏は、「サルコジに助言はするが、彼には投票しない」と公言している。

前述したように、サルコジ大統領の諮問委員会として「アタリ政策委員会」が設置されたが、この委員会の運営コンセプトは、権力者の秘密クラブではなく、直接民主主義を体現することにあった。ウェッブサイトには、政策提言に対して一般から書き込みを入れることができるブログがある。また、アタリ個人のウェッブサイトにも、一般から自由に書き込みができる。これは単なる〝アリバイ作り〟ではない。アタリ氏は、一般からのコメントに対して実に丁寧に対応している。毎日膨大な量のメールが押し寄せてくるわけだが、いったいどうやって本人が返信しているのだろうかと疑問に思っていたのだが、今回、実際に会ってみて納得できた。アタリ氏は、終始、iPodを聴きながらブラックベリーを操作しているのである。この几帳面さこそが、アタリ情報ネットワークのシンプルな秘密と言えよう。アタリ氏は、三時間の睡眠時以外、文字通り〝オンライン状態〟なのである……。

5……本書の内容について

二〇〇七年夏頃からアメリカの住宅ローンの延滞率が上昇しはじめ、その一年後にはこれを証券化した金融商品、本書で言う「毒入り証券」が世界中に「リスク分散」されたことが明らかとなり、アメリカ発の金融パニックが全世界に広がった。トリプルAの格付けのＡＩＧが、破綻回避のために事実上の国有化になるなど、まさに青天の霹靂である出来事が相次いだのは、本書の記述に詳しい。

本書の内容を訳者なりに簡潔にまとめると、次の通りである。

（一）アメリカの中産階級にきちんとした給与を分配せず、彼らを過剰債務に追い込むことで総需要を創り出した。
（二）個人が築いた民間債務が、証券化という手法によって世界中にばら撒かれた。
（三）個人は破産する一方で、民間の金融機関には公的資金が注入された。個人と企業の民間債務の一部は、とりあえず政府の債務に移し変えられた。
（四）この危機を放置すると、ハイパー・インフレか世界大戦、あるいはその両方が起こる危険性が高まる。
（五）世界的危機を回避するためには、グローバル化した市場を政治化することが必要であり、地球規模の法整備が求められる。また、経済の主役の座から金融を降板させる必要がある。
（六）だが、個人の自由が絶対的価値観となっているなかで、この社会契約をいかにして締結するのかが、われわれが抱える問題である。

日本では、バブル崩壊以降、個人・企業・政府の間でリスクを再分配することが課題となり、日本政府の後押しもあり、「貯蓄から投資へ」や「自己責任」をキャッチフレーズに、政策的に個人にリスクを取らせるコンセンサスができあがった。例えば、二〇〇七年末に銀行での保険商品の窓口販売が全面解禁となったことを機に、大手都銀が中心となって、さまざまな金融商品が販売された。銀行の会議室などで「金融セミナー」と称し、低金利にうんざりした富裕層や退職者層などの顧客を集めて、従来の預金以外の金融商品の販売促進会がさかんに行なわれていたことを記憶している人も多いのではないか。

セミナーでは、「邦銀の格付けよりも高い米国の保険会社の金融商品」という文句が売りであった。

　今回の金融危機が勃発したのは、売る側も買う側も何だかよくわからない金融商品が、日本社会に本格的に出回りはじめた時期であった。こうした金融商品の大半は、本書の記述にもあるとおり、大幅な元本割れを起こし、個人ばかりでなく、地方自治体、さらには学問の府たる有名私立大学なども軒並み巨額の運用損を抱え、輸出主導型の日本経済は深刻な不況に突入してしまった。

　規制撤廃やグローバル・スタンダードを叫んでいた高名な経済学者のなかにも、懺悔の書を上梓して、これまで傾倒していた新自由主義を批判するなどして「転向」する人まで現われている。これに比べると、やはりアタリ氏の一貫した言動は注目に値すると思われるが、その違いの根底にあるのは、歴史を見る目でないだろうか。それは、過去の歴史への分析はもちろんだが、未来の歴史、つまり一〇〇年先を見通して、現在何をなすべきかを考えるという姿勢である。

　アタリ氏は、アメリカ発の金融危機を、サブプライムローン問題が発生する以前から、『21世紀の歴史』の中でも繰り返し警告していた。今回の問題の本質である、米国のいびつな所得分配がもたらしたアメリカ社会の資産格差が個人の債務を膨張させた一方で、新興国や産油国のマネーが自国のインフラ設備に投資されることなく、アメリカの債務をファイナンスすると同時に、マネーゲームの肥やしになっていたことを正確に見抜いていた。だからこそ、アタリは利他主義に基づいた民主主義の推進こそが、富裕層の過剰な消費を抑え、マネーゲームに楔《くさび》を打ち込むことになるという理由から、金融危機の解決策でもあると提唱しているのだ。

アタリ氏の理念は、資本主義の八〇〇年にわたる歴史からその教訓を学び、さらに今後一〇〇年の計をもって事を成すということである。

「歴史の根底には、太く流れる原動力があり、突発的事象で多少ぶれることがあろうとも、長期的に歴史の方向性を変化させることはできない」と、アタリ氏は述べている。

＊

最後に、本書の翻訳出版にあたっては、『21世紀の歴史』と同様に、アタリ氏のビジネス・パートナーでもある環境コンサルティング会社 NOMADEIS の代表取締役 Nicolas DUTREIX 氏、フランス著作権事務所のコリーヌ・カンタン氏、本書の企画・編集をしていただいた作品社編集長の内田眞人氏と編集部の福田隆雄氏に、たいへんお世話になった。また、山口大学経済学部の石川耕三先生には、経済の専門家として訳稿をチェックしていただいた。心よりの感謝を申し上げたい。

アタリ氏は今年（二〇〇八年）六月に来日する予定だったが、あいにくフランスで緊急事態が発生したのか直前に延期となり、この九月に来日することが決まった。早稲田大学での公開講演会とともに、日本の政財界のお歴々との懇談会などが予定されている。アタリ氏の金融危機後の世界に向けた警告が、日本の市民の皆さん、政財界の人々、そして金融関係者に届くことを願ってやまない。

二〇〇九年七月一七日

［著者紹介］

ジャック・アタリ（Jacques Attali）

1943年、アルジェリア生まれのフランス人。仏国立行政学院（ENA）卒業。1981-1990年、ミッテラン政権の大統領特別補佐官を務める。1991-1993年、「ヨーロッパ復興開発銀行」の初代総裁となる。1998年にはNGO「プラネット・ファイナンス」を創設し、現在も途上国支援に尽力している。2006年『21世紀の歴史』を出版。この本は、サブプライム問題や世界金融危機を予見していたため、世界的な注目を浴びた。2007年、サルコジ大統領に依頼され、大統領諮問委員会「アタリ政策委員会」の委員長となり、21世紀に向けてフランスを変革するための政策提言を行なった。

政界・経済界で重責を担う一方で、経済学者・思想家・作家としても幅広く活躍し、まさにフランスを代表する知性として、その発言は常に世界の注目を浴びている。著書は、経済分析、歴史書、哲学書、文化論、小説にまでおよび、単著だけで45冊を数える。

邦訳されている著書は以下の通り。

La Parole et L'Outil（『情報とエネルギーの人間科学――言葉と道具』日本評論社、1983年）
L'ordre cannibale, vie et mort de la médecine（『カニバリスムの秩序』みすず書房、1984年）
Histoires du Temps（『時間の歴史』原書房、1986年）
L'anti-économique（『アンチ・エコノミクス』法政大学出版局、1986年）
Au propre et au figuré: une histoire de la propriété（『所有の歴史』法政大学出版局、1994年）
Bruits: Essai sur l'économie politique de la musique（『ノイズ――音楽・貨幣・雑音』みすず書房、1995年）
Europe (s)（『ヨーロッパ　未来の選択』原書房、1995年）
Économie et apocalypse. Trafic et prolifération nucléaires（『核という幻想』原書房、1996年）
Au-delà de nulle part（『まぼろしのインターネット』光芒社、1998年）
Dictionnaire du XXIe siècle（『21世紀事典』産業図書、1999年）
Fraternités（『反グローバリズム』彩流社、2001年）
Une brève histoire de l'avenir（『21世紀の歴史――未来の人類から見た世界』作品社、2008年）
Karl Marx ou l'esprit du monde（『カール・マルクス、または世界の精神』藤原書店近刊）

［訳者紹介］

林 昌宏（はやし・まさひろ）

アタリと訳者の家族
（2009. 4. 6. パリにて）

1965年、愛知県生まれ。名古屋市在住。立命館大学経済学部経済学科卒。翻訳家。

訳書に、『コーヒー、カカオ、コメ、綿花、コショウの暗黒物語』（J＝P・ボリス、作品社）、『世界エネルギー市場』（ジャン＝マリー・シュヴァリエ、作品社）、『世界を壊す金融資本主義』（ジャン・ペイルルヴァッド、NTT出版）、『フランスの学歴インフレと格差社会』（マリー・ドュリュ＝ベラ、明石書店）、『移民の時代』（フランソワ・エラン、明石書店）、『環境問題の本質』（クロード・アレグレ、NTT出版）、『21世紀の歴史――未来の人類から見た世界』（ジャック・アタリ、作品社）、『アンデルセン、福祉を語る――女性・子ども・高齢者』（イエスタ・エスピン‐アンデルセン、NTT出版）、『迷走する資本主義――ポスト産業社会についての3つのレッスン』（ダニエル・コーエン、新泉社）、『魚のいない海』（フィリップ・キュリーほか、NTT出版）。

金融危機後の世界

2009年9月 5 日　第1刷印刷
2009年9月10日　第1刷発行

著者——ジャック・アタリ
訳者——林 昌宏

編集協力——石川耕三

発行者——髙木 有
発行所——株式会社作品社
〒102-0072 東京都千代田区飯田橋 2-7-4
tel 03-3262-9753　fax 03-3262-9757
振替口座 00160-3-27183
http://www.tssplaza.co.jp/sakuhinsha/

編集担当——内田眞人+福田隆雄
本文組版——有限会社閏月社
装丁——伊勢功治
印刷・製本——シナノ印刷(株)

ISBN978-4-86182-252-0　C0033

21世紀世界を読み解く
作品社の本

アメリカは、キリスト教原理主義・新保守主義に、いかに乗っ取られたのか？

スーザン・ジョージ　森田成也ほか訳

かつての世界の憧れの国は根底から変わった。デモクラシーは姿を消し、超格差社会の貧困大国となり、教育の場では科学が否定され、子供たちの愚鈍化が進む。米国は“彼ら”の支配から脱出できるか。

米中激突
戦略的地政学で読み解くむ21世紀世界情勢

フランソワ・ラファルグ　藤野邦夫訳

今現在、米と中国は、アフリカ、中南米、中央アジアで熾烈な資源〝戦争〟を展開している。それによってひきおこされる「地政学的リスク」を、戦略的地政学から読み解き、21世紀の世界情勢の行方をさぐる欧州話題の書！

ジハード戦士 真実の顔
パキスタン発＝国際テロネットワークの内側

アミール・ミール　津守滋・津守京子訳

現地のジャーナリストが、国際テロネットワークの中心、パキスタン、アフガン、カシミールの闇と秘密のヴェールを剥いだ、他に類例をみない驚愕のレポート！　**推薦：山内昌之**

イスラム過激派・武闘派全書

宮田 律

世界を揺るがすイスラムの武闘派・過激派。その組織、主要人物、ネットワーク、資金源、テロの方法、武器、マネーロンダリング……。その歴史と現在のすべてを一冊に網羅し解説した初の全書。

世界の〈水〉が支配される！
グローバル水企業の恐るべき実態

国際調査ジャーナリスト協会　佐久間智子訳

三大グローバル水企業が、15年以内に、地球の水の75%を支配する。その実態を、世界のジャーナリストの協力によって、初めて徹底暴露した衝撃の一冊。内橋克人推薦＝「身の毛もよだす、戦慄すべき実態」

オルター・グローバリゼーション宣言

スーザン・ジョージ　杉村昌昭・真田満訳

いま世界中から、もう一つのグローバリゼーションを求める世界市民の声がこだましている。21世紀世界の変革のための理論・戦略・実践

21世紀世界を読み解く
作品社の本

チャベス

ラテンアメリカは世界を変える！

チャベス&アレイダ・ゲバラ　伊高浩昭訳

米国のラテンアメリカ支配に挑戦する、チャベス・ベネズエラ大統領。ゲバラの解放の夢を継ぐ男への、ゲバラの娘アレイダによるインタヴュー。

フィデル・カストロ後のキューバ

カストロ兄弟の確執と〈ラウル政権〉の戦略

B・ラテル　伊高浩昭訳

カストロ倒れる！　最高の専門家と呼ばれる著者が、カストロ兄弟の確執と弟ラウル率いる新政権の行方に迫る、話題騒然のベストセラー！

アメリカの国家犯罪 全書

ウィリアム・ブルム　益岡賢訳

テロ、暗殺、盗聴、麻薬製造、毒ガス、虐殺……。イラク、北朝鮮どころではない。アメリカの驚くべき「国家犯罪」のすべてを暴く、衝撃の一冊！チョムスキー絶賛「米国の真実を知るための最高の本」

アメリカ帝国の基礎知識

ATTACフランス編著　コリン・コバヤシほか訳

なぜアメリカは、戦争が好きなのか？　外交・軍事政策から、経済・金融システム、宗教・メディア・大衆操作まで、「永久戦争の帝国」のすべてがわかる一冊

野蛮の衝突

21世紀は、なぜ戦争とテロリズムの時代になったのか？

ジルベール・アシュカル　湯川順夫訳

アメリカvsテロリズム——両者の暴力の政治的根源に、レバノン出身の気鋭の政治学者が迫った世界的ベストセラー！
チョムスキー「今後起こるであろう世界の現実を予言しうる書」。

イラン、背反する民の歴史

ハミッド・ダバシ　田村美佐子・青柳伸子訳

近代イラン200年の歴史を丹念に追い、西欧からの視線によって捏造された被植民国の歴史、「近代性」と「伝統」との対立という幻を払拭する、政治／文化史の決定版。柄谷行人推薦！